U1076478

管道的故事

THE PARABLE OF THE PIPELINE

〔美〕贝克·哈吉斯◎著
赖伟雄◎译

四川人民出版社

图书在版编目（CIP）数据

管道的故事 /（美）贝克·哈吉斯著；赖伟雄译 .— 2 版 .
—成都：四川人民出版社，2018.9（2021.2 重印）
ISBN 978-7-220-11010-8

Ⅰ.①管… Ⅱ.①贝… ②赖… Ⅲ.①私人投资—
通俗读物 Ⅳ.①F830.59-49

中国版本图书馆 CIP 数据核字（2018）第 216468 号

著作权合同登记号 图字：30-2012-088

Copyright©2007 by Burke Hedges
Originally published in English as Parable of the Pipeline by INTI Publishing, Inc. USA
All rights reserved.

GUANDAO DE GUSHI
管道的故事

〔美〕贝克·哈吉斯 著 赖伟雄 译

责任编辑	何佳佳
特约编辑	张 芹
封面设计	朱 红
版式设计	乐阅文化
责任印制	聂 敏
出版发行	四川人民出版社（成都市槐树街2号）
网 址	http://www.scpph.com
E-mail	scrmcbsf@mail.sc.cninfo.net
新浪微博	@ 四川人民出版社
微信公众号	四川人民出版社
发行部业务电话	（028）86259624 86259453
防盗版举报电话	（028）86259624
照 排	北京乐阅文化有限责任公司
印 刷	三河市中晟雅豪印务有限公司
开 本	152mm×215mm 1/32
印 张	4
字 数	76 千
版 次	2018 年 9 月第 2 版
印 次	2021 年 2 月第 3 次印刷
书 号	ISBN 978-7-220-11010-8
定 价	38.00 元

■版权所有 · 侵权必究
本书若出现印装质量问题，请与我社发行部联系调换
电话：（028）86259453

推荐人的话
让我们生活得更好

每天，我们都在忙于处理各种事情及无数的信息，忙碌又忙碌，重复又重复。这些事情，有的是必须的，有的是主动的，有很多是被动的，还有很多是无奈的……

处理这些事的目的只有一个——生活得更好！

但大多数人在这些忙碌的事务中不断偏离自己的目标，那就是偏离了效率、从容、富有，特别是幸福和快乐！

有一个人在茫茫的人海事务中，不断地思考，并用他的图书、用他的演讲、用他成功的企业，将奋斗的真谛告诉大家，更重要的是，他用他的激情，对生活梦想成真的激情，来诠释个人奋斗的价值与喜悦，并启发更多的人去思考自己忙碌的生活。

这个人就是贝克·哈吉斯！一位系列畅销图书的作者，一位自己理想的激情实践者和成功者。通过他自己的作品，他的一系列观点给了我们终生受益的启迪，如现在摆在我们面前的这两本书：

《管道的故事》和《复制猫营销 101》。

时下很多人都在谈论“风水”，学名为环境心理科学，好风水就是希望带给我们通达的事业、殷实的财富、幸福的生活，如果说把人自己比喻成一片风水，那么阅读将使你的身体和心灵都逐步臻于一片好风水，通达、殷实且愉快！

所以，我们要感谢作者哈吉斯，也要感谢翻译者赖伟雄的努力工作。

汤小明
于北京

目　录

第三部分　终极管道

序
你也可以成为百万富翁

亲爱的读者：

在100年前，普通人想成为百万富翁，几乎是不可能的。看看这份在20世纪初所做的美国居民生活水平状况调查：

1900年，美国人的平均工资是每小时22美分。一般工人的年收入在200～400美元之间，低于当时的贫困线。那时全美国只有6%的人高中毕业，预期寿命为47岁。只有14%的家庭拥有浴缸。全美只有8 000辆轿车，公路也只有230多千米。直到第一次世界大战前，美国普通家庭收入的80%都用在食物、住房、穿衣等基本需求上。

100年前的社会，基本上只存在2个经济阶层：富有阶层和贫困阶层。而10个家庭中，只有1个家庭属于富有阶层或中产阶层。也就是说，在1900年，90%的美国人是穷人。

中产阶层仍依靠工资生活

现在让我们将镜头从100年前调至2001年。

2001 年，中等家庭的年均收入为 4.7 万美元。汽车的数量超过了全美国的人口总数，大多数家庭至少拥有 2 台电视机，预期寿命延长至 75 岁。同时，人们拥有了更多可以自由支配的收入，更多的空余时间，以及更多的职业选择。

但是,全美约 7 200 万个家庭中的大多数仍然在依靠工资生活。如果除去住房、汽车和家具等财产，这些家庭的资产一般都为 0。

0！

虽然人们的收入在增加，负债和工作时间却也在增加。这到底是为什么？

你是否正身陷一个错误的系统中

问题出在许多人一直陷在错误的计划当中。他们受困于一个错误的系统，而且不知道如何创造和积累财富。

今天我要发布一个或许会让你震惊的大胆声明，它是千真万确、毫不含糊的事实！你准备好了吗？

这是一个简单明了的事实：今天，成为一名百万富翁，需要的不再是一种机会，而是一种选择！

这是真的——今天，任何一个收入中等的人都可以成为一名百万富翁。不可能？绝对可能！事实上，它真的很简单。

如果你想成为一名百万富翁，只需要依照以下 3 个步骤去做：

1. 了解财富是如何创造和积累的；

2. 效仿已被证实的成功创造财富的方法；

3．坚持不懈。

就这么简单，这就是普通人累积百万资产所需要做的事：了解、效仿、坚持。

在这本书里你将学到什么

在这本书中，你将学到任何人都可以学会的、能为自己和家人建立真正财务自由的策略。这些策略非常简单，并且能经受时间的考验。在过去的几十年中，这些策略已经创造出数以百万计的百万富翁。

朋友们，成为一名百万富翁已不再是有福气或者是运气好的问题，而是一个学习和效仿已被证实的财富创造策略的问题。

畅销书《邻家的百万富翁》中写道："大部分的百万富翁将不再是洛克菲勒家族或范德比尔特家族的后裔。超过80%的百万富翁是那些在一代人的时间内积累起自己财富的普通人。"

想一想，超过80%的百万富翁是普通人。这个统计数字证实了我刚才所说的——今天，成为一名百万富翁，需要的不再是一种机会，而是一种选择。

我写本书的目的，是把这些富人们几世纪以来创造和积累财富的秘诀教给你。这些秘诀曾经只被少数特权人士所持有。如果在1900年，即使你知道这些秘诀，也很可能因为没有资金或人际关系而无法运用它们。但今天的世界已经不一样了。

今天，由于科技的发展、中产阶层收入的增加，以及我称之为“电子复利”的新型商业模式的产生，大部分受过高中或高中以上教育的中产阶层人士，都可以以他们的金钱、时间和人际关系为杠杆，实现个人自由和财务自由。

通过运用本书所介绍的策略，你也可以成为百万富翁。欢迎你来到富人区。

你真诚的朋友

贝克·哈吉斯

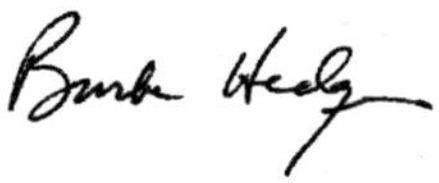

作者寄语
你的管道就是你的生命线

我的父亲去世至今已经25年了。但我依然清晰地记得我们在黄昏时下象棋的情景，就如同发生在昨天一般。

我记得，我帮父亲把棋盘放置在我们海边房子的大露台上，在那里我们可以远眺太平洋厄瓜多尔海岸。

我记得，波浪拍打着白色的沙滩。

我记得，微微带着咸味的湿润薄雾中飘荡着芙蓉花香。

我记得，柔和的金色夕阳消失在霭白的地平线下。

我们下象棋一直下到天黑，父亲在谆谆教导，而我则静心聆听。

“永远不要认为有什么事情是理所当然的。”我记得，父亲一边注视着遥远的地平线，一边反复说着这句话。

一天内从王子变成穷人

“永远不要认为有什么事情是理所当然的。”

父亲讲的是发生在1959年的事情，那一年，卡斯特罗接管了古巴。在政变爆发前，父亲是古巴最富有的人之一。《时代》周刊曾发表一篇文章说，父亲当时拥有的财富超过了2 000万美元（至少相当于今天的2亿美元）。他拥有12种不同的生意，包括数家棉纺厂和零售商店，以及一处纺织厂房、一处化工品制造厂房，还涉及商业房地产。

政变爆发时，我的父母只穿着身上的衣服逃到了牙买加。父亲被定了罪，他所有的生意及银行存款全部被没收。父亲的唯一"罪行"就是他的成功，他认为他的成功是理所当然的。事后来看，他原本可以将一部分资产转移到其他国家，但他没有这么做。他理所当然地认为卡斯特罗永远不可能推翻原有政权。

但是他错了，代价就是他所有的财产。

关于管道的预感

父亲在他有生之年竭尽全力重整旗鼓，但当时恶劣的经济形势和心脏病阻碍了他的复兴。在他最后的岁月里，虽然生活并不艰辛，但他却为自己的时间所剩无几而感到沮丧。

因此，在我们俩下棋时，父亲尽量把那些让他在40岁时成为巨富的重要原则教给我。

父亲经常对我强调拥有自己生意的重要性。拥有自己的生意，就意味着独立和控制力。在我父亲看来，拥有的生意越多越好。

"你的管道就是你的生命线。"他说。

我将父亲的教导牢记在心。在25岁时，我开始了自己的第一桩生意。到今天我已拥有好几桩正在迅速发展的生意。

有趣的是，我的一家公司——Equibore正好是做管道生意的。Equibore负责铺设那些旧经济时代用来接通煤气和水的地下管道，而新经济时代中的电信公司也用这种管道来铺设他们的光纤电缆，即未来的管道。

我的富爸爸，他的富爸爸

我的父亲非常坚信多元化，所以他的12种生意分属12个不同的行业。

“如果你只有一条管道，你就只有一条生命线。”父亲一边吃掉我的一颗棋子一边说，“生命线越多越好。”

几个月前，我发现了一盘由罗伯特·清崎制作的录音带，名为《富爸爸教我投资》。清崎讲述了一个关于两个年轻人的简短故事：他们俩都受雇去离村将近2千米外的湖边运水回村。一个年轻人提着桶去运水，另一个则建了一条管道。时间一长，建管道的年轻人就比提水桶的那位富裕多了。

清崎的录音带让我回想起了父亲在25年前对我的教导。那天晚上，我一回到家就写了10页纸的感想，这就是这本书的草稿，它分析了管道和生命线的相互关系，并提醒人们通过建立长期和短期的管道来创造多元化的收入。

我将此书命名为《管道的故事》。

3 个月之后，我将手稿交给了我的出版商。现在它成为了你手上的这本书。

建造你的管道

多年以来，我按照父亲的建议，建造了几条有利润产出的管道。但我还没有像他那样拥有 12 种生意，我也还没有挣到 2 000 万美元。

但我正在努力。

管道可以消除我们的忧虑，并把利润放入我们的口袋。但最重要的是，管道能给我们带来个人自由和财务自由，还能提供终身保障。

简单地说，管道就是生命线。

父亲的生命线被剥夺了以后，一直没有恢复元气。生活在这个国家的人是幸运的——我们的生命线不会轻易地被别人夺走，除非我们自己丢失了生命线。

不可能？

当然可能！如果你不主动去建造它们，就相当于丢失！

要吸取我父亲的教训，别以为一切都是理所当然的！不要认为明天会和今天一样，因为它们绝不会一样！

唯一的保障只有管道！

我强烈建议你从今天就开始建造你的管道，这样明天你就可以拥有自己的生命线。

导入

管道的故事

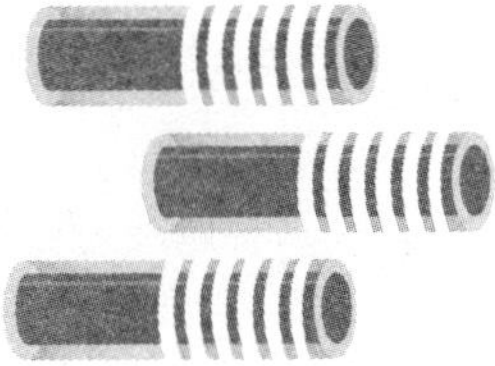

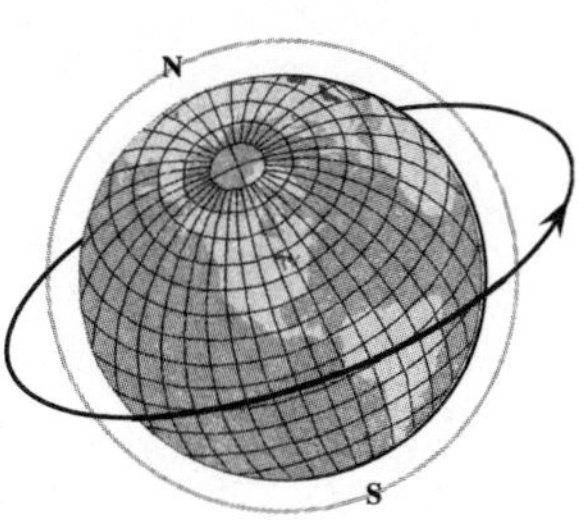

1801 年，意大利中部的小山谷。

很久很久以前，有两个雄心勃勃的年轻人，一个叫柏波罗，一个叫布鲁诺，他们是堂兄弟，住在意大利的一个村子里。

两个年轻人住得很近，他们从小就非常要好，而且都有远大的理想。

他们常常没完没了地谈论，如何在某一天、通过某种方式让自己成为村里最富有的人。他们都很聪明，而且也很勤奋，他们所需要的只是一个机会。

一天，机会来了。村里决定要雇两个人把附近河里的水运到村广场的蓄水池里。柏波罗和布鲁诺接下了这份工作。

两个人分别拎起两只水桶奔向河边，开始了他们的工作。当一天结束时，他们把村广场的蓄水池装满了水。村长按每桶水一分钱给他们支付了报酬。

“我们的梦想终于实现了！”布鲁诺大喊着，“我简直不敢相信我们的好运气。”

但柏波罗却不是这样想的。

他的背又酸又痛，手也磨起了泡。他害怕每天早上起来都要去做同样的工作，于是他发誓要想出更好的办法来运水。

管道建造者柏波罗

“布鲁诺，我有一个计划，”第二天早上，当他们抓起水桶准备往河边奔去时，柏波罗说道，“这样辛苦地来回提水，一天才能赚几分钱，不如我们修一条管道，将水从河里引进村里去吧。”

布鲁诺愣住了。

“一条管道？我从没听说过这样的事。”布鲁诺大声嚷道，“柏波罗，我们有一份很棒的工作。我一天可以提 100 桶水。按一桶水一分钱算的话，一天就能挣一元钱！我已经是富人了！一个星期后，我就可以买双新鞋。一个月后，我就可以买一头母牛。半年后，我还可以盖一间新房子。我们有全镇最好的工作，周末可以休息两天，每年还有两星期的带薪假期。我们这辈子都不用愁了！放弃你的管道幻想吧！”

但柏波罗没有气馁，他耐心地向他最好的朋友解释这个计划，但可惜的是无法让布鲁诺改变想法，于是柏波罗决定一个人去实现这个计划。

他计划白天抽出一部分时间来运水，用剩余的时间及周末来建造他的管道。柏波罗很清楚，要在像岩石般坚硬的土壤中挖出一条管道是多么艰难的事。而且，他知道他的薪酬是根据运水的桶数来计算的，所以在开始的时候，建造管道会使自己的收入下降。他也知道，要等上一两年，他的管道才能产生可观的效益。但柏波罗坚信他的梦想会实现，于是全力以赴地去做了。

管道建造中

不久，布鲁诺和其他村民就开始嘲笑柏波罗了，称他为“管道建造者柏波罗”。布鲁诺挣到的钱比柏波罗多一倍，并常向柏波罗炫耀他新买的东西。他买了一头毛驴，配上全新的皮鞍，拴在了他新盖的两层楼旁。他还买了华丽的新衣服，在饭馆里吃着可口的食物。村民尊敬地称他为“布鲁诺先生”。他常坐在酒馆里掏钱请大家喝酒，而人们则为他所讲的笑话高声大笑。

小行动带来大成果

当布鲁诺晚上和周末悠然自得地躺在吊床上时，柏波罗却在继续挖他的管道。

头几个月里，柏波罗的努力并没有取得多大进展。他工作得很辛苦——比布鲁诺更辛苦，因为他晚上和周末也在工作。

但柏波罗不断地提醒自己——为了实现明天的梦想，今天就要付出更多的努力。

一天天过去了，他继续挖着，一凿子下去只能挖一英寸。

“一英寸又一英寸……成为一英尺。”他一边挥动凿子，打进岩石般坚硬的土壤中，一边对自己重复着这句话。1 英寸变成 1 英尺，然后 10 英尺……20 英尺……100 英尺……

“短期的痛苦带来长期的回报。”每天的工作完成后，筋疲力尽的柏波罗拖着沉重的脚步回到他那简陋的小屋时，总是这样提醒自己。他通过设定每天的目标来衡量自己的工作成效。他一直坚持着，因为他知道，终有一天，他获得的回报将大大超出此时的付出。

“目光要牢牢地盯在回报上。”每当他入睡前，耳边传来酒馆中村民的嘲笑声时，他就一遍又一遍地重复这句话。

“目光要牢牢地盯在回报上……”

时来运转

一天天、一月月地过去了。一天，柏波罗意识到他的管道已经完成了一半，这意味着他只需提桶走一半路程了！柏波罗把因此多出的时间也用来建造管道。终于，完工的日期越来越近了。

休息的时候，柏波罗看到他的老朋友布鲁诺还在费力地运水。布鲁诺的腰弯了，背也驼得厉害，由于长期的劳累，步伐也开始变慢了。布鲁诺显得很生气、闷闷不乐，好像是在为自己注定要一辈子提桶而愤恨不已。

布鲁诺在吊床上的时间减少了，却花了更多的时间泡在酒馆里。酒馆的老顾客们一看到布鲁诺就窃窃私语："提桶人布鲁诺来了。"当镇上的醉汉模仿布鲁诺弯腰驼背的姿势和他拖着脚走路的样子时，周围的人都哈哈大笑。布鲁诺不再请大家喝酒了，也不再讲笑话。他宁愿独自坐在黑暗的角落里，被一大堆空酒瓶包围着。

而柏波罗的重大时刻终于到来了——管道完工了！村民们簇拥着赶来，看水从管道里流入村子里的蓄水池中。现在村子里有源源不断的清水了！附近村子的人也纷纷搬到这个村子来，于是这个村子渐渐繁荣起来。

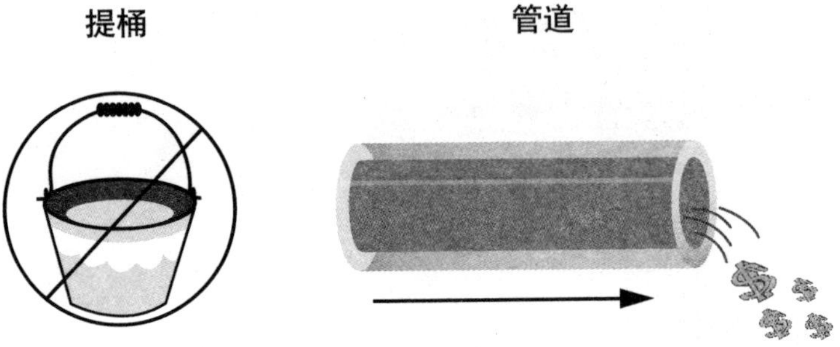

管道一完工，柏波罗便再也不用提水桶了。无论他是否工作，水都在源源不断地流入蓄水池。他吃饭时，水在流；他睡觉时，水在流；当他周末去玩时，水还在流。流入村子里的水越多，流入柏波罗口袋里的钱也就越多。

管道建造者柏波罗的名气大了，人们都称他为“奇迹创造者”。政客们赞扬他的远见，还恳请他去竞选市长。但柏波罗明白他所创造的还不是奇迹，而只是他宏伟梦想的第一步——柏波罗的计划远远超过这个村庄。

柏波罗计划在全世界建造管道！

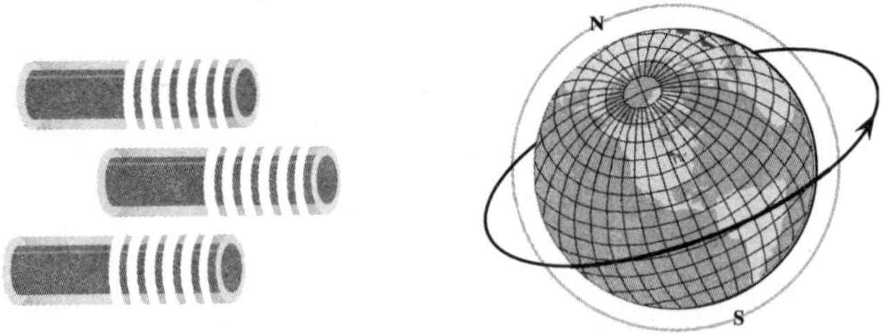

招募朋友帮忙

管道的建成使提桶人布鲁诺失去了工作。看到老朋友向酒馆老板讨酒喝，柏波罗很难受。于是他找到了布鲁诺，要和他谈一谈。

“布鲁诺，我来这里是请你帮忙的。”

布鲁诺挺起佝偻的腰，无神的眼睛眯成一条缝，声音沙哑地说：“别挖苦我了。”

柏波罗说：“我不是来向你炫耀的，我是来向你提供一个很好的机会。

“我花了两年多的时间建造那条管道，在这两年里我学到了很多东西！我知道该使用什么样的工具、在哪里挖和如何连接管道。这些我都做了笔记，而且我还开发出了一个系统的方法，可以更快地建造一条管道。

“但我自己做的话，一年只能建成一条管道，这样太慢了，效率也不高。所以我想先教会你如何建造管道，然后你再教其他人，然后他们再教其他人……直到管道铺满本地区的每一个村子……最后，全世界的每一个村子都会有管道。”

“想想吧，”柏波罗继续说，“即使我们只从流进每条管道的水里赚取很少的钱，聚集起来的收入也很可观。而且越多的水流进管道，就会有越多的钱流进我们的口袋。所以那条管道不是我们梦想的结束，而仅仅是开始！”

布鲁诺终于明白了这幅宏伟的蓝图。他笑了，向他的老朋友伸出他那粗糙的手。他们紧紧地握住对方的手，像失散多年的老朋友那样拥抱在一起。

提桶世界里的管道梦

许多年以后，尽管柏波罗和布鲁诺早已退休了，但他们遍布全球的管道生意每年还是把几百万的收入汇进他们的银行账户。

他们有时在乡村旅行，会遇到一些提水桶的年轻人。

这两个一起长大的好朋友总是把车停下来，将自己的故事讲给年轻人听，并主动提出愿意帮助他们建立自己的管道。

其中一些人会认真倾听，并且立即抓住这个机会，开始创办自己的管道生意。

但悲哀的是，大部分提桶者总是不耐烦地拒绝了他们的建议。柏波罗和布鲁诺无数次地听到相同的借口。

“我没有时间。”

“我的朋友告诉我，他认识的一个朋友的朋友试图建造管道，但失败了。”

“只有那些动手很早的人才可能从管道中赚到钱，现在已经太晚了。”

“我这辈子一直在提水桶，我只想维持现状。”

“我知道有些人在管道的骗局中亏了钱，我可不干这个。”

柏波罗和布鲁诺为如此多的人缺乏远见而感到悲哀。

但他们也承认，他们的确生活在一个提桶的世界里，只有一小部分人才敢做建造管道的梦。

第一部分

我们生活在提桶的世界

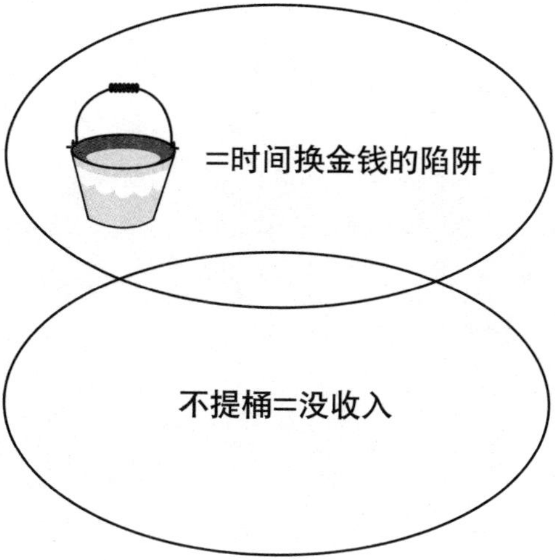

第一课
你是提桶者还是管道建造者

“布鲁诺，我有一个计划，”第二天早上，当他们抓起水桶准备往河边奔去时，柏波罗说道，“这样辛苦地来回提水，一天才能赚几分钱，不如我们修一条管道，将水从河里引进村里去吧。”

布鲁诺愣住了。

“一条管道？我从没听说过这样的事。”布鲁诺大声嚷道。

你是谁？提桶者还是管道建造者？

你必须去公司上班，并只有把工作干完了才会有收入，就像提桶人布鲁诺一样吗？

或者，你把一件事情做彻底，然后一次又一次地得到回报，就像管道建造者柏波罗一样？

如果你像大部分人一样，正在做提桶的工作——我称它为“时间换金钱的陷阱”——我想让你念念下面的绕口令：

1 小时的工作换 1 小时的报酬；

1 个月的工作换 1 个月的报酬；

1 年的工作换 1 年的报酬。

这听起来熟悉吗?

=时间换金钱的陷阱

提桶的问题是一旦你停止提桶,收入也就停止了。这意味着“有保障的工作”或“梦想中的工作”这种说法只是一个幻觉。提桶的潜在危险在于，收入只是暂时的，而不是持续的。

如果布鲁诺某天早上醒来时发现自己背部扭伤，起不了床，那一天他可以挣到多少钱？ 0！

没有工作，就没有收入!

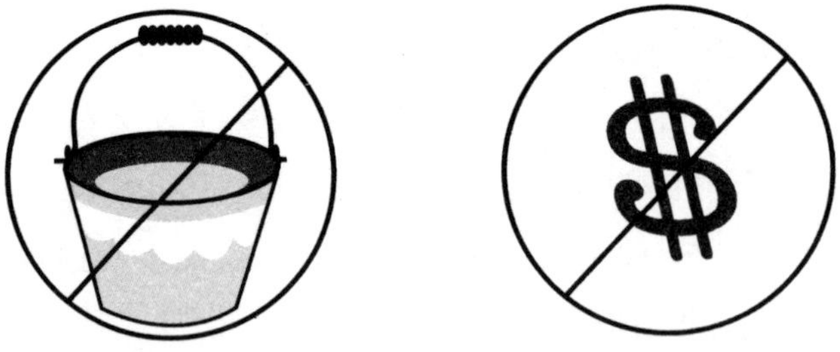

不提桶　　=　　没收入

任何提桶的工作都是一样的。一旦提桶者用完了病假或年假，如果他们不继续提桶，他们就得不到薪水。什么都没有。

不能再提桶的牙医

这是一个真实的例子。

我的前任牙医是我见过的最好的牙医。她是个绝对的专业人士，性格很好，医术高超，几乎每次请她看牙时都感觉不到丝毫痛楚。

而且，她也很喜爱自己的工作。她自己安排工作时间。诊所每周只营业 3 天，这样她就有 4 天的时间和家人在一起。

我的牙医喜欢这份工作，她每周工作 3 天，每年的收入为 10 万美元。

如果世上真有所谓“提桶者的梦想工作”，这应该就是了。

但有一个问题。在 40 岁时，她的手患了关节炎，无法再工作了。现在她只能在当地的一所大学里教书，收入只是做牙医时的 1/3。虽然她并没有做错任何事，但是她的理想工作却消失了。

现在你应该明白，为什么我说提桶的工作从来没有真正的保障了吧？你是否看出了提桶的工作是多么的脆弱？

“以时间换金钱的陷阱”所带来的问题是：如果你不能付出时间，你就赚不到钱！

管道建造者柏波罗很早就意识到了提桶的局限性，于是他决心建造一个系统，这样他无论是否投入更多的时间，都能持续地获得报酬。

柏波罗明白提桶是毫无保障可言的，只有管道才是自己的生命线。

如果你不能付出时间，会怎么样

你的状况是什么样的呢？

如果明天你的收入没有了，你会怎么办？

如果你被解雇了，会发生什么事情？

如果你身体不适，无法继续提桶，会发生什么事？

如果某一次医疗耗尽了你的钱，你该怎么办？

如果你的所有储蓄一夜之间全部消失，你会怎么办？

如果明天你的收入没有了，你还能继续支付房屋按揭多长时间？

汽车的分期贷款呢？

孩子上学的费用呢？

半年？

3 个月？

3 个星期？

你的储蓄

如果灾难降临，你有没有一条可以保护自己和家人的生命线？

你是不是把赌注全都押在了只要你有需要，提桶就可以一直提供收入上？

无论你是清洁工、秘书，或者是专业人士，你都是付出一份时间获得一份报酬。

你的保障在哪里？

当你休息时，管道还在给你赚钱

正如柏波罗所说的："一定还有更好的方法！"

幸运的是，确实有。

这个方法就是管道——源源不断的收入，不管你是否付出时间，总是会有收入。建造有可靠保障的管道的唯一方法，就是以柏波罗为榜样——在你还在提桶时就开始建造管道！

管道就是生命线。因为它能让人们摆脱"以时间换金钱的陷阱"。

当你建造管道时，你只做了一次，但可以一次又一次地得到回报。

管道=生命线

管道每天 24 小时、每星期 7 天、每年 365 日地运作。

当你睡觉时，当你玩乐时，当你退休后，当你生病了无法工作时，或者在任何紧急情况下，管道都在给你赚钱。

这就是持续收入的力量!

第二课
我们生活在提桶的世界里

“柏波罗，我们有一份很棒的工作。我一天可以提 100 桶水。按一桶水一分钱算的话，一天就能挣一元钱！我已经是富人了！一个星期后，我就可以买双新鞋。一个月后，我就可以买一头母牛。半年后，我还可以盖一间新房子。我们有全镇最好的工作，周末可以休息两天，每年还有两星期的带薪假期。我们这辈子都不用愁了！放弃你的管道幻想吧！”

一位医生开车带着他 4 岁的女儿去幼儿园，他的听诊器放在座位上，于是他女儿就拿起来玩。

“我女儿想继承我的事业，”医生想，“这是我一生中最骄傲的时刻。”

小女孩将听诊器挂在脖子上，然后把探头举到胸前，就像拿着麦克风一样，说道：

“欢迎光临麦当劳，请问你想要点什么？”

这个可爱的小故事描述了我们是如何被提桶的工作吸引的——这叫做“有样学样”。这个小女孩经常去麦当劳，她误以为听诊器是麦克风，并模仿了服务生对客人所说的话。

像小女孩一样，大部分人误认为提桶的工作就是在建造管道。我们发现 99% 的人都在提桶，于是我们理所当然地认为，提桶是能让我们得到想要的东西的唯一方法。

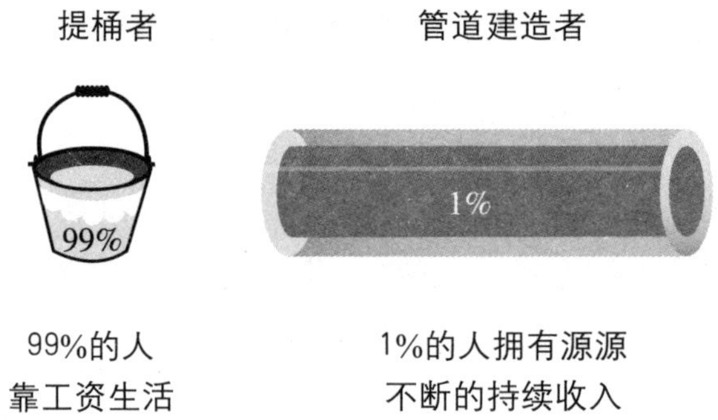

所以布鲁诺费了好大的劲儿才明白了管道的威力。

柏波罗是布鲁诺认识的第一位管道建造者。而布鲁诺当初之所以拒绝建造管道，是因为这事与众不同。

对布鲁诺来说，管道的收益还未经证实，这样做是偏激的和冒险的。

大部分人的想法和布鲁诺一样。我们从小到大都被提桶者所包围，于是我们认为这就是世界的本来面目。这让我想起最近看到的一些汽车保险杠上贴着的标语：

“10 万只旅鼠[①]不会错！”

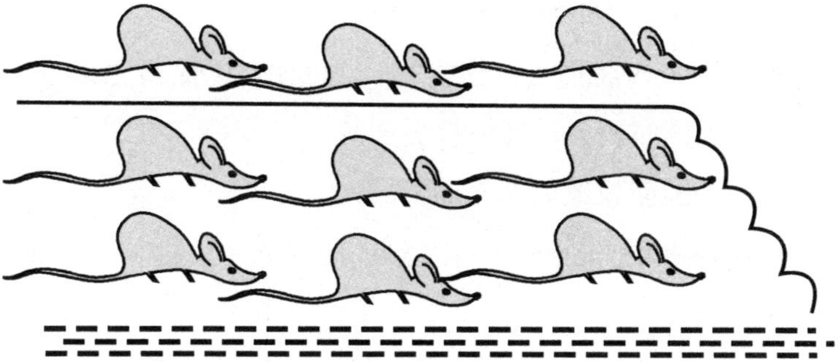

旅鼠的思维方式

而实际上，这些旅鼠是在奔赴死亡。

人们对提桶者的看法其实是一样的——1 亿个提桶者不会错！实际上，他们错了！

接受提桶的概念

让我们来正视事实吧——世界上的提桶者要比管道建造者多。

为什么？

因为提桶是我们的父母一直遵循并教导我们也遵循的模式。

①旅鼠，栖居在极地的小型啮齿类动物，定期集体迁徙，常作出集体径直跳入大海淹死的自杀式行为。

提桶的模式告诉我们，在这个世界里，为了生存，我们必须做以下这些事：

去学校上学，并学习如何提桶；

努力地工作，争取提到更大的桶；

从水桶公司 A 跳槽去水桶公司 B，以便可以提到更大的桶；

工作更长的时间，以便能提更多的桶；

让孩子去上能教他们如何提桶的大学；

从提金属桶的职业转换到提塑料桶的职业，再转换到提数码桶的职业；

梦想着退休时可以不用再提桶。在此之前，你要提桶、提桶……

可是，这些提桶者的付出能获得什么样的回报呢？

少得可怜！

根据美国《Parade》杂志每年公布的人均收入调查，美国的普通劳动者年均收入为 2.85 万美元，减去约 20% 的所得税，用以生活的只有 2.25 万美元。

提桶者的年均收入

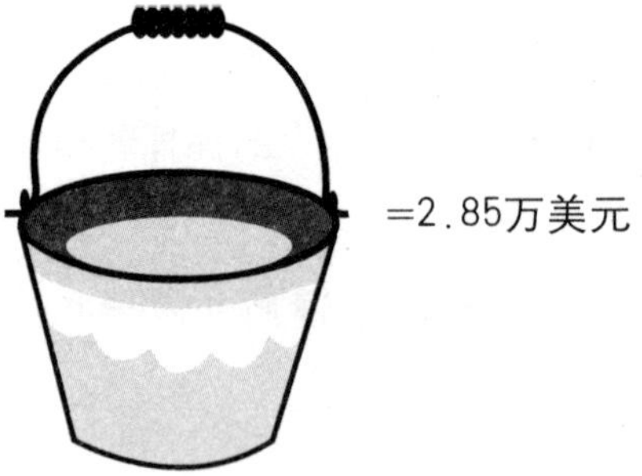

但是，年均2.25万美元的净收入根本不足以支付美国四口之家的基本生活费用。

这意味着大部分人都迫切地需要更多的钱！

提桶者的游行

当提桶者需要更多的钱时，他们会干什么？

按照提桶者的思维方式，他们能想出的解决方案也是提桶式的——如果你想挣更多的钱，就必须提更多的水桶！

“我找了另一份工作，用晚上和周末的时间提桶。”提桶的爸爸说。

“在孩子出生后，我可以重新回去做提桶的工作。”提桶的妈妈说。

“孩子们在放学后及暑假也可以做提桶的工作。”提桶的父母一起说。

那就是他们所做的，那么结果又如何？

今天，北美国家上班族工作的时间是世界上最长的，甚至比被称为工作狂的日本人更长。但是提更多的桶、赚更多钱的方法奏效吗？

完全不！

以下是像铁一样冷酷无情的事实：

● 消费者债务[①]创历史最高纪录。美国普通家庭的平均负债在

①消费者债务，宏观经济学术语，指未偿还的消费者信贷，这种贷款多用于消费而不是投资。

过去 17 年里增长了 4 倍多，每 1 美元净收入所对应的负债为 0.95 美元。

● 女性参加工作以支撑家庭开支的比例在过去的 20 年里增长了 1 倍多，从 1980 年的 19% 升至今天的 46%。

● 越来越多的人用他们唯一的固定资产——房子——做第二次、第三次的贷款抵押以支付账单。

● 个人企业破产数目年年上升，到 2000 年时达到了 140 万宗——虽然当时的经济很繁荣。

到底是哪里出了错？

提更大的桶是一种误区

提桶者总以为，提的桶越大，收入就越多，所以他们告诉自己，如果能找到一份更好的工作，提到更大的桶，那么一切就都会好的。

提桶者们永远都在猜其他提桶者的收入是多少。美国劳工统计局对数百种职业的时薪作了调查。你的时薪与其他行业相比是多还是少？

时薪表

（美国劳工统计局调查材料）

职业	时薪
厨师	$6.29

（接上页表）

加油站服务员	$7.34
门卫	$8.44
零售店售货员	$9.12
秘书	$11.86
屋顶维修工	$13.63
汽车修理工	$13.97
卡车司机	$14.08
消防员	$15.63
邮递员	$16.39
信贷员	$20.05
电脑程序员	$25.67
化学工程师	$29.44
物理学家	$33.23
律师	$36.49
牙医	$44.40
医生	$49.05

假设大部分人按每星期工作 40 个小时来计算所得报酬（尽管他们可能每星期要工作至少 50 个小时或更多），每年有两星期的带薪假期，以下是其中 5 种职业的年收入状况：

年收入	
厨师	$13 083
零售店售货员	$18 970
邮递员	$34 091
律师	$75 899
医生	$102 024

现在，如果你是一名厨师、零售店售货员或邮递员，看到律师或医生的年收入时，你也许会感慨颇多，还会这么想：

“哇！如果我每年也能赚到这么多钱，我就能获得真正的财务自由！也就再也不用为支付账单而愁得睡不着觉了！”

提桶者的收入

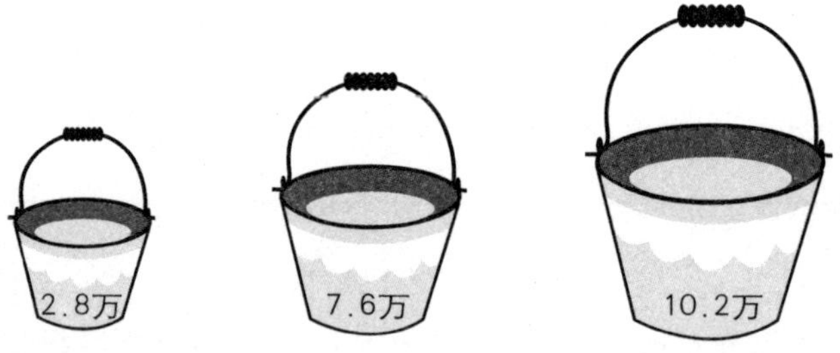

普通人的收入　　律师的收入　　医生的收入

确实，医生的桶比厨师的桶大很多——大概是10倍，但那并不意味着医生得到了财务自由。他也和厨师或邮递员一样，依赖于他那份提桶的工作。

为什么？原因很简单。专业人员的收入虽然比普通工人要高，但是他们的花费更高！实际上，年收入达6位数的医生或律师，需要用他们的大部分收入来维持他们奢侈的生活方式。

只要比较一下普通工人和专业人士的开支就很明显了：

● 普通工人开5 000美元的二手车，医生或律师则开4.5万美元的高档车。

● 普通工人送他们的孩子上免费的公立学校，医生或律师送孩子上昂贵的私立学校。

● 普通工人的房产价值约7.5万美元，医生或律师的房产价值约35万美元。

● 普通工人每个星期只去一次必胜客，医生或律师每个星期至少要在高档餐厅里吃两次饭。

● 普通工人付不起度假的费用，医生或律师每年都要带家人去滑雪。

● 普通工人只在公共球场打高尔夫球，医生或律师至少是一家或两家昂贵的乡村俱乐部的会员。

你明白了吗？

人们忌妒医生或律师，因为他们能提巨大的桶。确实，医生的桶或许比厨师的桶大10倍，但医生的开支也比厨师的开支高10倍。所以，他们最后面对的窘境是一样的，都是靠着工资生活。

医生的收入

医生的支出

水桶最后都会干

畅销书《邻家的百万富翁》作者托马斯·斯坦利和威廉·丹科发现，提大桶与创造财富是截然不同的两回事。他们一开始也认为那些开高级轿车、住豪宅的人是非常富有的，于是就调查了这些生活在高档社区的人。

噢！错误的假设！斯坦利和丹科得到了关于创造财富的惊人结论：

大部分美国人对于财富的认识都是错误的。拥有财富和获得收入是截然不同的两回事。如果你每年都有不错的收入，但都花完了，你并不会变得更富有，只是生活水平比较高而已。财富是你所累积的，而不是你所花费的。

那我们怎样才能变得富有呢？对于这个问题，很多人都会弄错。通常不是运气、继承遗产、高学历或高智商让人们积累到财富，财富更多的是努力工作、坚强的毅力、周密的计划及严格的自律等因素相结合的结果。

换句话说，不论桶有多大，最终都会干。相反，管道则是自给自足的。但建立管道需要一些牺牲。管道不是自己自动形成的，需要你花时间和精力去建造。

全部的桶最后都干了

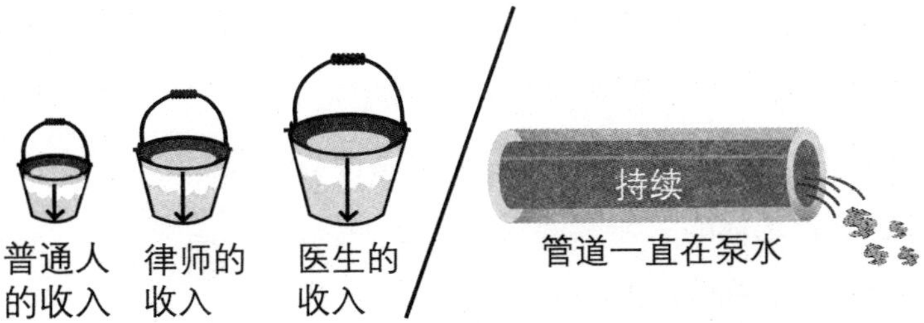

更大的桶并不能解决问题

每个人都喜欢加大他们水桶的尺寸。没有人会拒绝每年的加薪或是一份年薪更高的好工作。如果提桶是你唯一的收入来源，那么我劝你要尽量提最大的桶。这只是常识而已。

但事实上，提桶永远不可能让你获得财务自由，也不会让你的家庭拥有安全和保障，不论你的桶有多么大！

为什么？

因为只要你选择提桶，你就必须每天去上班、去干活，这样才能得到报酬。一旦你停止了提桶，你的收入也就停止了。

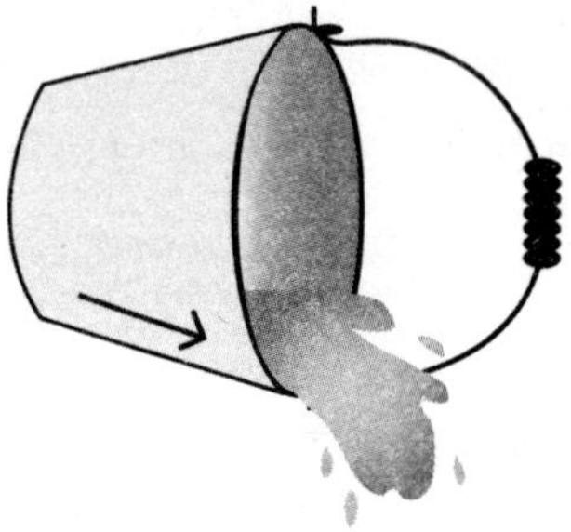

许多提桶者从“邻家的百万富翁”变成“邻家的破产者”，就是因为他们在提桶时忽视了应该同时建造管道。所以当他们的桶干了的时候，他们的生活方式也就不能再继续下去了。

“管道就是你的生命线。”我父亲以前常常这样说。

你明白其中的原因了吗？

第二部分

你的管道是你的生命线

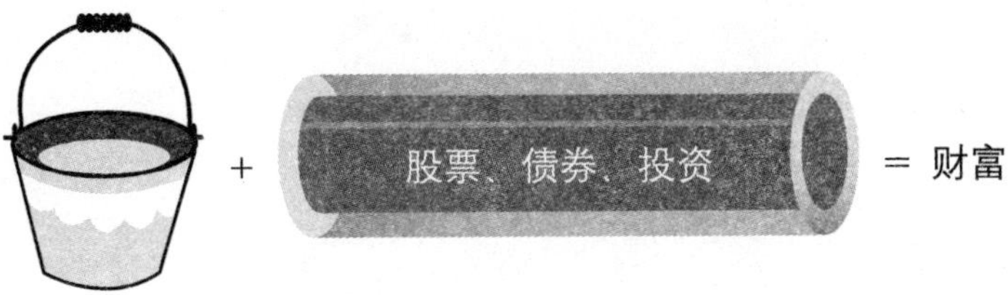

第三课
管道的力量

但柏波罗没有气馁，他耐心地向他最好的朋友解释这个计划，但可惜的是无法让布鲁诺改变想法，于是柏波罗决定一个人去实现这个计划。

他计划白天抽出一部分时间用来运水，用剩余的时间及周末来建造他的管道。柏波罗很清楚，要在像岩石般坚硬的土壤中挖出一条管道是多么艰难的事。而且，他知道他的薪酬是根据运水的桶数来计算的，所以在开始的时候，建造管道会使自己的收入下降。他也知道，要等上一两年，他的管道才能产生可观的效益。但柏波罗坚信他的梦想会实现，于是全力以赴地去做了。

下面是两个各方面都截然不同的人的故事。他们几乎没有相同的地方。

一位是著名的棒球明星，另一位是小镇上的小学教师；

一个是年轻小伙子，另一个是老妇人；

一个年薪数百万，另一个年收入从未超过 1 万美元；

一个人的生活受到万众瞩目，另一个则默默无闻地住在马萨诸塞州的一个小镇上。

但是比起他们各自所做的财务选择，这些事情都只能算是小小的不同。

接下来，你会看到其中一个建造了管道，并在退休后成为了百万富翁；而另一个则一直都是个提桶者，在我写本书的时候，这个人已濒临破产。

这个故事要讲的是两个完全不同的人，但这不是重点，重点是你可以从他们所做的选择中学到的东西。

听完下面的这两个故事后，你就会非常清楚，为什么建造管道才是创造真正的保障和获得财务自由的唯一途径。

你的选择

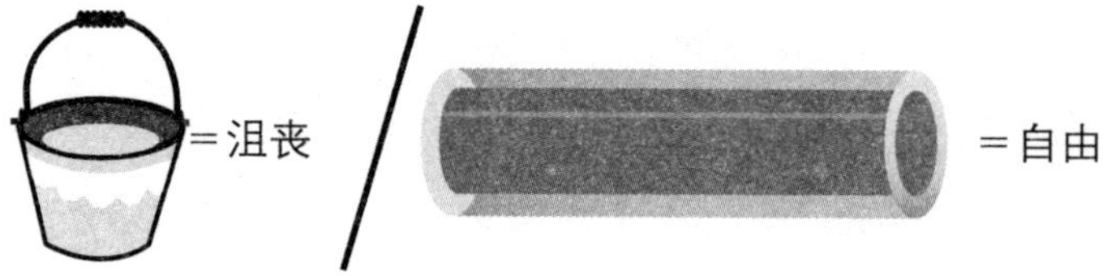

球员的故事

让我们从那位著名的棒球手开始吧。这些年来，这位天才运动员在个人生活及财务方面都做了许多错误的选择。

他在生活中的选择导致他婚姻破裂、酗酒及吸毒。这已经够糟了，但他在财务上的选择同样糟糕，因此他破产了。我敢保证你一定听说过这位棒球手，他已经红了将近20年。

他就是达里尔·斯多伯里，他的经历人人都应该引以为戒。为了获得财务自由，你千万不能照他的样子去做。

达里尔·斯多伯里几乎打了半辈子的职业棒球。这位外场球手十几岁时便入选几个最重要的棒球俱乐部，并被称为“泰德·威廉斯[1]第二”。

在他的球员生涯中，每年能赚200万～500万美元的薪水——这只是打棒球的收入。再加上一年几百万美元的广告费、出镜费、演讲费、签名费等，他40岁以前就已经赚了0.5亿～1亿美元。

斯多伯里不能永远打球

一个赚了那么多钱的人应该可以享受人生了吧？

①泰德·威廉斯，美国最伟大的击球员之一。

看看一份当地报纸的报道："斯多伯里没有收入或储蓄来养活他现在的妻子卡罗西和他们的3个孩子……"

他赚了1亿美元，居然没存下几个钱？到底怎么回事？

他全花光了。

昂贵的房子、昂贵的车子、昂贵的律师费用、昂贵的离婚、昂贵的毒品和酗酒康复费！

在我写这本书的时候，斯多伯里已经不能再打棒球了。这意味着他没有任何的进账，唯一剩下的只有账单，日复一日、月复一月，像雨季里的雨一样绵绵不绝。

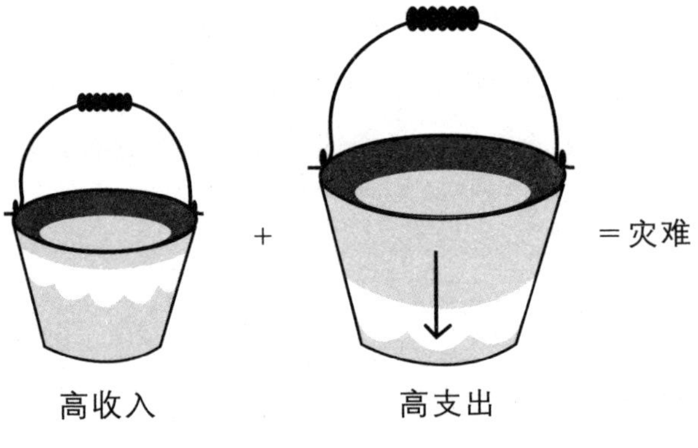

如何变成"邻家的百万富翁"

第二个故事的结局完全不同。故事的主人公是住在小镇上一位名叫玛格丽特·欧唐奈的小学教师。这个故事证明了你不用提大桶也能建造大管道。

这位女士教了50多年的书，她在70岁退休时，年薪为8 500美元。当她100岁去世时，却为10个不同的慈善机构——包括教会、母校和一支童子军——捐赠了200万美元的善款。

一个年薪不到1万美元的女人怎么可能拥有这样一大笔财富呢？

很简单，她坚持每个月都有规律地投资优质的股票，然后长期持有，让它们增值——她建成了一条长期的投资管道。

建造长期管道

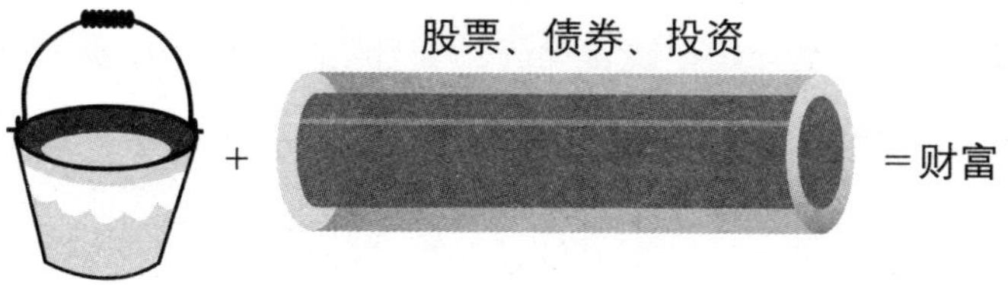

“玛格丽特喜欢股票，”她的经纪人鲍勃·沃兰斯卡说，“我第一次见到她时，她把3张纸放在我的办公桌上，说‘我怎么处理这些东西’，她指的是一些行情不太好的股票。”

在接下来的几十年里，玛格丽特的股票组合涨势良好，其中包括一些蓝筹股、免税债券和公共事业股票。直到去世时，她还持有这些股票。

她很少去碰她的投资，任凭她的管道年复一年地不停增长。

小牺牲，大回报

如果你以为玛格丽特是那种热衷于收集购物优惠券，连泡过的茶包都要留下来的小气鬼，那你就错了。她常与朋友到外面去吃饭，开的是一部最新款的别克汽车，还经常飞到欧洲去度长假。

她从不拒绝过舒适的生活，但她在花费上却很自律和有节制。

她每个月都会存钱和投资，即使在退休以后也是如此。

你看，玛格丽特是长期管道建造者的典型例子。

她 20 多岁时就开始存钱和投资，一直坚持到她 100 岁去世时。

在下图中你会看到，管道会随着时间的延长而越来越粗。

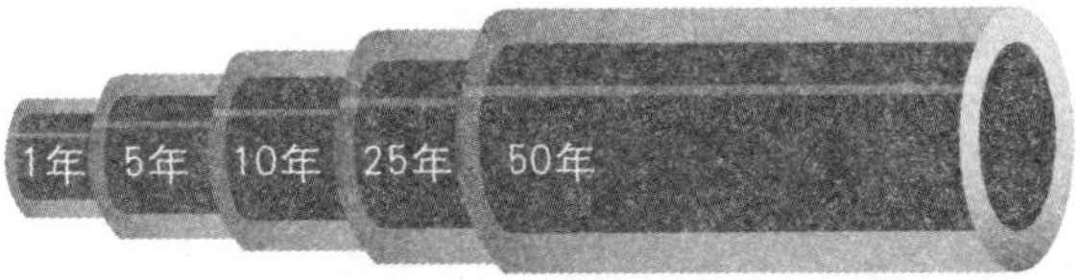

发展你的管道

像柏波罗一样，在最初的几天甚至几年里，管道建造者的努力可能没有什么可以展示的业绩。但经过一段自律的工作后，小额的投入将会变成巨额的红利。

桶干了，管道仍在继续泵水

现在，当我谈论管道的威力时，你是否能明白我的意思？

斯多伯里提了很多年大桶，但今天的他还有什么可炫耀的？除了一箱箱被退回的空头支票，他什么都没有！

斯多伯里有 20 年的时间可以建造管道。即使他只把 10% 的收入投入股市用于建造投资管道，他现在的生命线也应该价值 0.2 亿~1 亿美元以上了。

但是他没有！

错过的机会

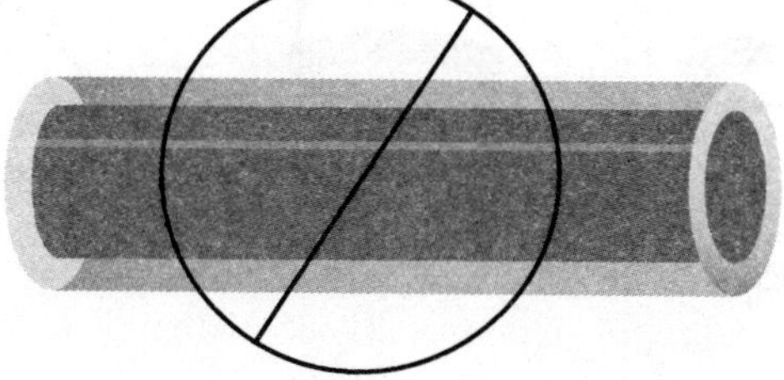

没有管道就没有持续的收入

斯多伯里假设自己大桶里的水永远不会枯竭。

这是错误的假设！

桶是不能自动加水的，不管这个桶有多么大。提桶者必须不辞劳苦地提着桶重新加满水。如果他停止劳动——不管是因为退休、疾病还是受伤，甚至是体力耗光了，桶里的水就会开始枯竭。

相反，在桶干了很长时间以后，管道却还能产生利润。这个规则无论是对提大桶者还是提小桶者都适用。

就像我所说的，桶的尺寸并不重要。提大桶的人很容易成为花钱大手大脚的人。

获得财务自由的关键是采用管道建造者的思维方式，然后把建造管道的计划付诸实施！

大桶的模式

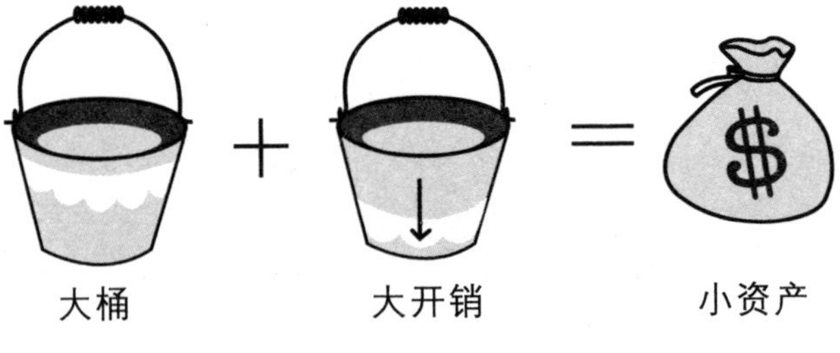

桶越小，对管道的需求越大

赚很多钱并不等同于财务自由，只有建造了管道，你的财务才能有所保障。如果你不采用建造管道的策略，你的桶迟早会枯竭的。

我给你讲达里尔·斯多伯里的故事是为了强调一点：既然像达里尔·斯多伯里这么大的桶都会干，那么你的桶呢？

想想吧，斯多伯里也相当于是依靠工资生活的人。

你呢？

斯多伯里以为他的提桶生涯永远不会结束。

你呢？

斯多伯里愚蠢地花了太多的钱，浪费了太多的时间，而他本可以聪明地用这一切来建造管道。

你呢？

你的选择是什么

还是

确实，斯多伯里做了许多错误的选择，这让他花费了许多钱。但他最糟糕的财务选择是没有建造一条管道。那是不可原谅的！他当时到底在想些什么呢？

另一方面，玛格丽特·欧唐奈则聪明地在她提桶的时候就开始建造管道。当她提桶的日子结束时，她的管道还在继续泵水，现金继续源源不断地流入她的账户。

现在轮到你做选择了

现在我问你，你希望自己的财务状况属于哪一种呢？

达里尔·斯多伯里的？

还是玛格丽特·欧唐奈的？

如果是后者，那么你就应该立即开始建造管道！

管道就是你的生命线，因为它们是自给自足的。虽然你需要不时地对它们进行一些调整或修补，甚至是重建，但它们能年复一年地给你带来利润。

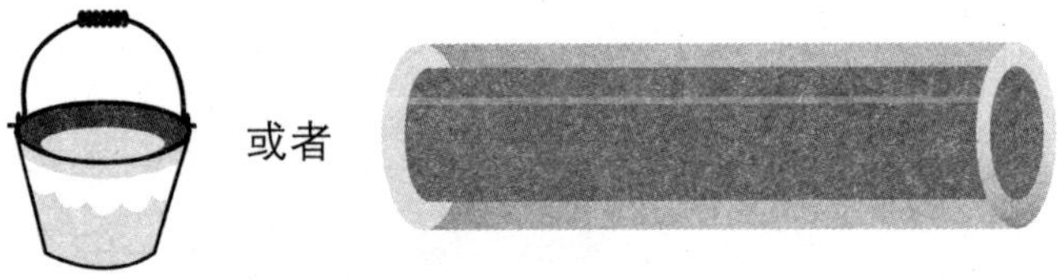

是选择而不是运气决定了你的命运

玛格丽特·欧唐奈和达里尔·斯多伯里都做了选择。斯多伯里选择了提桶，玛格丽特选择了建造管道。

他们分别做出了自己的选择。现在轮到你了。

第四课
杠杆：管道背后的威力

管道一完工，柏波罗便再也不用提水桶了。无论他是否工作，水都在源源不断地流入蓄水池。他吃饭时，水在流；他睡觉时，水在流；当他周末去玩时，水还在流。流入村子里的水越多，流入柏波罗口袋里的钱也就越多。

杠杆是一个令人敬畏的概念——一个改变世界的概念。

实际上，没有杠杆在发生作用，你现在就不会拿着这本书了。

让我向你解释一下。

1440 年，一个名叫约翰·谷登堡的年轻的德国企业家将一台榨酒机改造成了世界上第一台商业机械式印刷机。他印制了 180 本《谷登堡圣经》，并在几天内就销售一空。

谷登堡的印刷机一夜成名，在几十年内，整个欧洲如雨后春笋般出现了许多印刷机。到了 17 世纪中期，每年有 800 万册图书在欧洲发行，这个数目是在此之前欧洲几千年来所有图书发行量总和的 10 倍。

提桶者与管道建造者出版书籍的对比

谷登堡的印刷机粉碎了提桶者对于书籍的出版模式。在谷登堡发明印刷机之前，欧洲的书籍主要是由抄字工和僧侣用手抄写的，生产一本手抄书可能需要几年的时间，因此价格昂贵，只有贵族才可能买得起。

谷登堡改变了这一切。

使用印刷机，印刷者只要设置好活字模板，便可以轻松地印出成千上万完全相同的产品。

印刷机节省了印刷者的时间和金钱，使生产效率得以大幅度提升。

用手抄写的模式

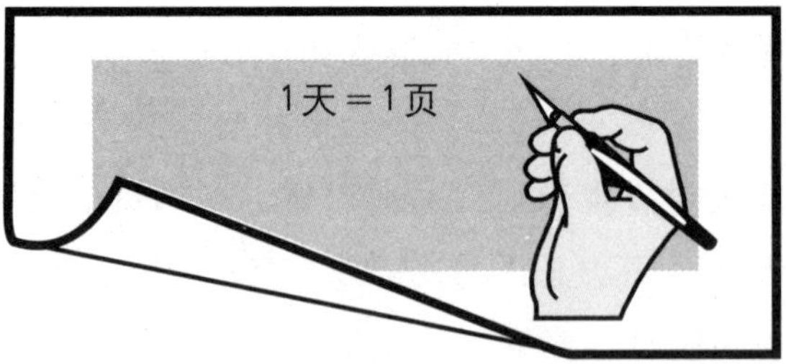

在提桶者生产书的模式中，努力和结果的比率是 1∶1，一个小时的努力只能换来一个小时的成果。如果一个抄字工一天只能抄写一页，那么他 100 天只能抄写 100 页。

现在使用印刷机，就是采取建造管道的模式。让我们假设在 16 世纪，印刷者花一天时间才能排好一页模板。那么一天结束时，他可能只做了这一页模板。

但看看第二天发生了什么：印刷机一启动，便印了 100 页！换言之，印刷者能在 2 天的时间里完成抄字工 100 天才能完成的工作。

这就是杠杆的威力！

印刷机的模式

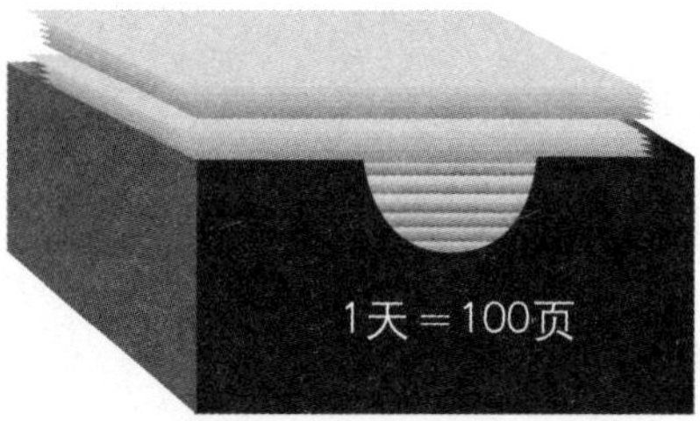

在建造管道的模式下，付出与结果的比率不再是 1 ∶ 1。当我们运用杠杆时，付出的努力是相同的，但结果却可能是之前的 100 倍、1 000 倍，甚至 100 万倍！

两种杠杆：时间与金钱

“杠杆”一词的英文是 leverage，词根是 lever，源于一个古老的法语单词，意思是“变轻”，这是对杠杆的威力最适当的形容。使用杠杆后，重物会变轻，就连小孩子都可以轻松地移动。

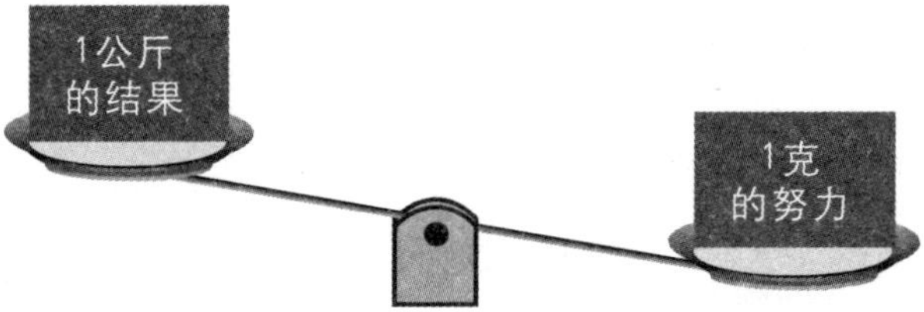

当我们将杠杆的原理应用于金钱和时间时，同样的事发生了——效果出现了倍增。

例如，就时间杠杆而言，1 小时的努力可产生 100 小时的成果，1 个星期的工作可产生 1 年的产量。

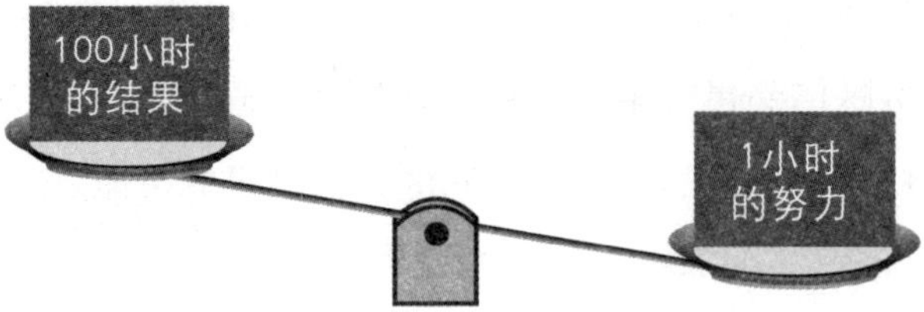

就金钱杠杆而言，投资的每 1 美元在一段时间内就会产生复利，

直到它倍增成为初期投资的许多倍。

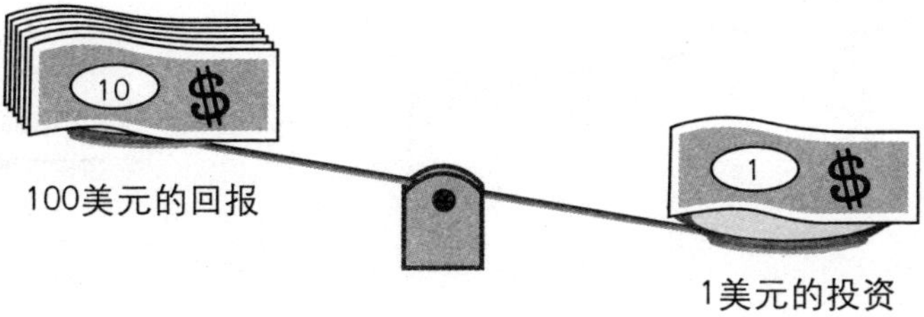

杠杆的典型例子

印刷机是人们将时间、金钱和付出的努力变成杠杆的典型例子。杠杆粉碎了“一份时间换一份报酬”的公式。它允许人们更巧妙——而不是更费力地——工作，这是每一条管道背后的力量。

时间杠杆

聘用员工是人们以时间为杠杆的典型例子。假设你想开一家餐厅，你不可能同时做老板、服务员、厨师、洗碗工、会计，并使这家餐厅顺利运作和赢利。在某一段时间内你只能出现在一个位置上，所以你要雇用其他人来完成其他的工作。

如果你雇用了10名员工，平均每小时付每个人10美元的工资，那么每小时你付的工资总额为100美元。如果你的餐厅营业额为每小时1 000美元，那么减去费用后的余额便是你的赢利。

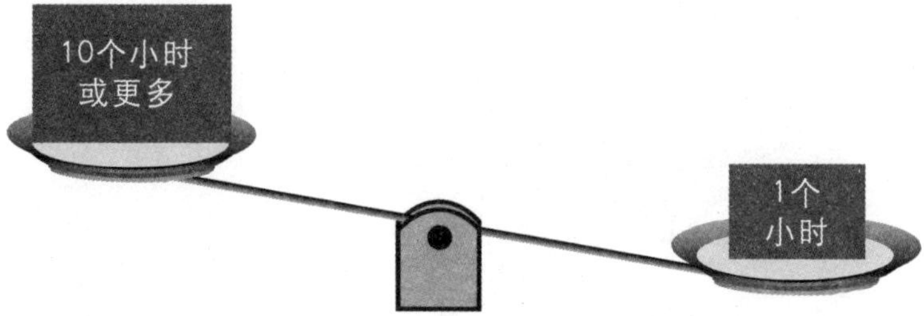

金钱杠杆

金钱杠杆的典型例子是股票市场里的投资。你肯定听说过沃伦·巴菲特，他是华尔街的传奇人物，是世界富豪。他用传统的方式建立了自己的巨大财富——以他人的钱为杠杆，使自己和自己的投资者一步步地富起来。

会有多富呢？计算一下吧！如果你1965年投资1万美元购买了巴菲特的Berkshire Hathaway基金股票，然后几十年内都不碰它，到了1998年，你的投资将会价值——抓稳你的帽子——5 100万美元！哇！你想不想拥有这条管道？

几十年前，Berkshire Hathaway基金每股价格仅为19美元。到了1998年底，每股价格为7万美元。这意味着你可以把1965年的300美元的投资变成今天的100万美元！这简直令人难以置信！

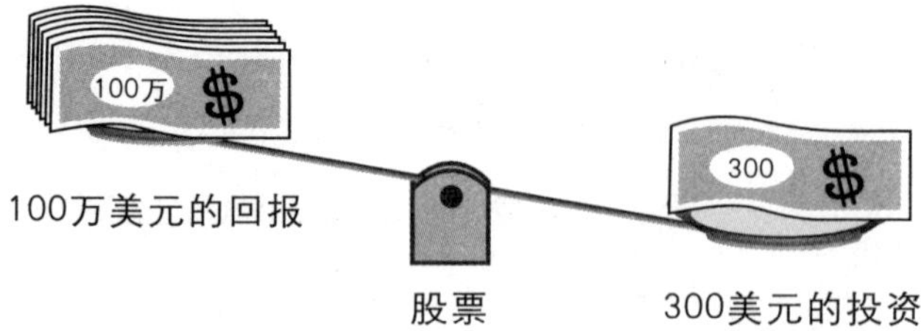

管道是值得建造的

现在你明白杠杆的威力了吧？ Berkshire Hathaway 基金股票证明，只要适当运用杠杆，付出的努力与成果不一定是成比例的。

想一想，在 1965 年，要积攒 300 美元需要付出多少努力？工作 2 天或 3 天，最多 1 个星期。而只要购买了 300 美元的股票，你在若干年后就不需要再做任何工作了，因为你的管道已经建造好了。唯一要做的便是时不时看看报纸，查询一下股票的价格。

问问你自己，不费吹灰之力便能将 300 美元变成 100 万美元，是不是太棒了？

你是否已经看到，杠杆可以巧妙地将很少的钱或很少的时间扩大 1 000 倍？

寻找方法作为支点，将 1 美元变成 100 美元，或将 1 小时变成 100 小时，是不是很有意义？

你只需干一件事，剩下的就让杠杆来做，是不是很棒？

朋友，如果你想享受杠杆带来的好处，你就要像管道建造者柏波罗和沃伦 · 巴菲特那样——找到你的方法，将其作为杠杆的支点，支撑起你的时间和金钱，然后在明天享受丰厚的回报。

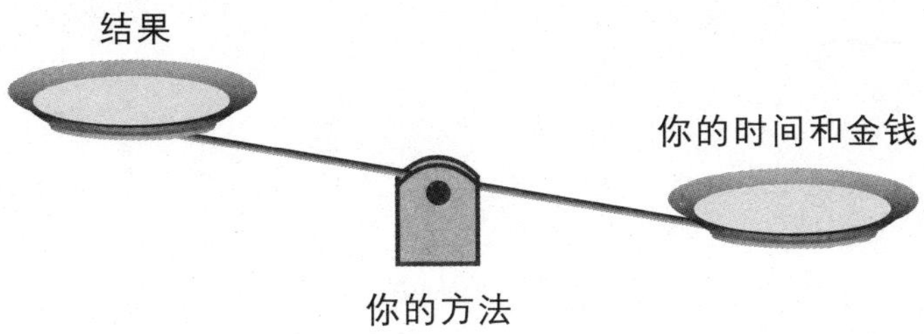

第五课
金钱杠杆：棕榈滩管道

“想想吧，”柏波罗继续说，“即使我们只从流进每条管道的水里赚取很少的钱，聚集起来的收入也很可观。而且越多的水流进管道，就会有越多的钱流进我们的口袋。所以那条管道不是我们梦想的结束，而仅仅是开始！”

这是一个中国古代皇帝的故事。

皇帝迷上了一个名为“国际象棋”的游戏，于是决定嘉奖这个游戏的发明者。

皇帝把发明者召入宫中，并且当众宣布要满足他的一个愿望。

“陛下，我深感荣幸。”发明者谦卑地说，“我希望陛下赏我几粒米。”

“只是几粒米？”皇帝很惊讶。

“是的，只要在棋盘的第一格放上 1 粒米，”发明者说，“在第二格加倍至 2 粒，在第三格加倍至 4 粒……依此类推，每一格均是前一格的双倍，直到放满整个棋盘为止。这就是我的愿望。”

皇帝很高兴。

“这么便宜就可以换得这么好的游戏，”他心想，“这真是托列祖列宗的福了。”

“好的！”皇帝大声说，“把棋盘拿出来，让在座的各位见证我们的协议。”

皇宫中的人都聚集到棋盘边。

仆人拿来一斤重的一袋米递给发明者。发明者笑着打开了袋子。

“我建议你换一个大袋子。”发明者对仆人说。

周围的人都大笑起来，以为发明者是在开玩笑。

然后发明者开始在棋盘上摆放米粒，每走一格便倍增米粒的数量。

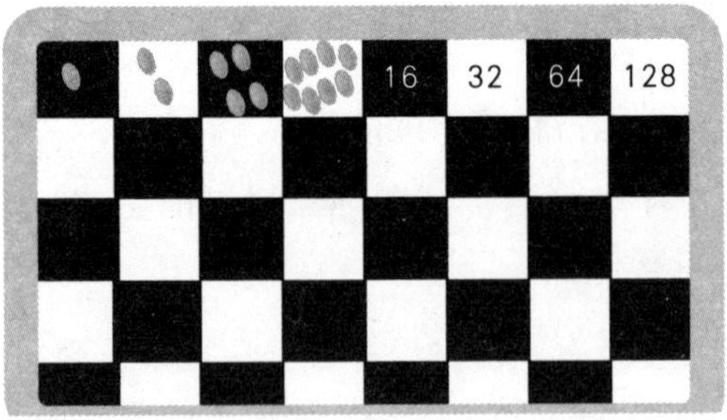

当第一排的 8 个格放满时，1—2—4—8—16—32—64—128 粒

米，围观的人仍大笑着，指指点点。但放到第二排中间时，笑声渐渐被惊叹声所代替，因为小堆的米不久便倍增成了小袋的米，然后再倍增成中袋的米，再倍增成大袋的米。

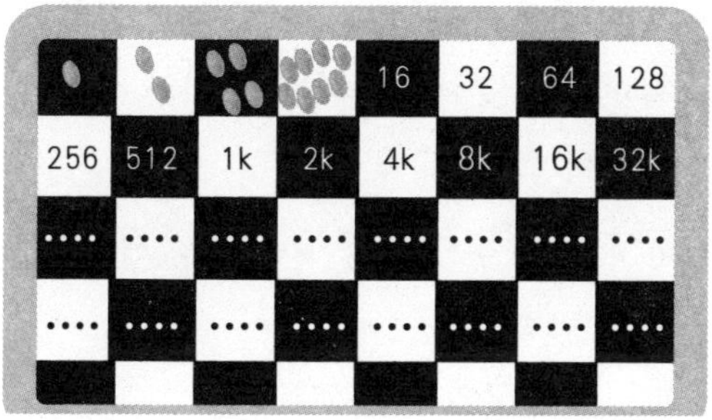

到第二排放满时，皇帝知道自己犯了一个极大的错误。他欠发明者的米粒数已经达到 32 768 粒，而且还空着 48 个格子呢！

皇帝中止了这个游戏，召来全国最有智慧的数学家，让他们来帮助自己计算欠发明者多少粒米。

数学家们匆匆计算着，几番商讨后得出了一致结论：

一粒米在 64 格的棋盘上每个格倍增，最后是 1 800 亿兆粒米，相当于全世界米粒总数的 10 倍。

皇帝结束了这项游戏，向发明者提出了一个他不可能拒绝的赏赐：如果他不计较皇帝的失信，就将得到上百公顷富饶的田地。

发明者高兴地接受了赏赐。

每个人都举杯祝贺发明者，赞赏他的聪明才智。发明者高兴地住在封赏的土地上，享受着舒适的生活。

倍增的概念：世界第八大奇迹

皇帝和发明者的故事让我们懂得了倍增的力量。早在第一家银行为第一位富有的商人支付存款利息时，这个概念就已经存在了，所以它是经过时间考验和证实的。

发明者和皇帝的数学家可能是最早认识到倍增的力量的人，但他们绝对不是最后一些人。

几个世纪之后，另一位著名的数学家——阿尔伯特·爱因斯坦，也认识到了倍增（也叫做复利）的惊人力量，把它称为“世界第八大奇迹”。

倍增概念成了创造财富的核心，我且称它为“棕榈滩管道”。

棕榈滩是佛罗里达州的一个美丽城市，在那里，数以百计的亿万富豪的后代拥有可以眺望大西洋的大片地产。

棕榈滩的富豪后代不用为钱工作！他们让钱为他们工作！

他们是如何做到的呢?

他们把大量从父辈那里继承下来的钱投资于管道中，之后不管他们工作与否，管道都会年复一年地产生大量的利润。

倍增概念为棕榈滩管道添加了燃料，这意味着幸运的继承人可以享受神仙般的生活，同时在这个过程中变得更加富有！这就是我所谓的“吃不光的蛋糕”。

72 法则：富人的法则

为了更好地理解富人如何变得更加富有，让我们看看“72 法则”。毫无疑问，它是一个令人震惊的累积财富的方式。世界顶尖投资经纪人把它传授给他们富有的客户。72 法则是计算每一笔投资需多少年可以倍增的简单公式。具体计算方法如下：

（1）决定你的投资回报的年利率；

（2）用 72 除以年利率（%）；

（3）结果就是你的投资倍增所需的年数。

例如一个人在股市中投资 10 万美元，投资回报的年利率为 10%。72 法则的计算过程如下：

第一步：10 万美元原始投资的年利率为 10%；

第二步：用 72 除以 10；

第三步：得到 7.2。

结果：7.2 年后 10 万美元变成 20 万美元。

如果这个人不动用利润和本金，10 万美元的原始投资在 7.2 年后将倍增为 20 万美元，14.4 年后将成为 40 万美元，21.6 年后将成为 80 万美元，28.8 年后将成为 160 万美元，依此类推。

如你所见，投资按复利计算的时间越长，管道的尺寸就越大。

通过利用复利的杠杆作用，继承百万财产的人可以过着贵族般的生活，同时仍能为子孙留下更多的财产。

复利的奇迹使千百个肯尼迪、杜邦、费尔斯通、福特、洛克菲勒和格蒂[①]家族的继承人不但不会财产枯竭，还可以继续享受奢华的生活。实际上，他们的桶永远不会枯竭，因为管道数十年如一日地在泵水。

例如欧洲最古老的银行世家罗思柴尔德家族，他们已经享受200多年这样的生活了。

孩子与钱

幸运的是，以金钱为杠杆建造管道不只限于有钱人，普通人也可利用这个倍增概念。

就像我们从玛格丽特·欧唐奈的故事中学到的，通过利用投在股市中的钱，一个低收入的小学教师也可以积累几百万美元的财富。

那么普通人该如何以金钱为杠杆建造管道呢？

最好的回答是介绍你看一本由迈克尔·西尔斯写的书《孩子与金钱》。实际上，这本书也可以叫做《人与金钱》，因为西尔斯提出的原则同样适用于成年人。

西尔斯曾是华尔街呼风唤雨的经纪人，也是4个孩子的父亲。他在书中介绍一些教育孩子负责地管理自己的钱的简单办法。

他建议父母准备3个塑料罐，分别贴上“花费和捐献”、“储蓄”、“投资”的标签。把每星期的零用钱发给孩子时，让孩子把钱平均分成3份，分别放在3个罐子里。

①这些姓为美国最富有的家庭的姓氏，有些同时也是特大型跨国企业的名称。

花费和捐献　　储蓄　　投资

“花费和捐献罐”中的钱用于日常花费，如买铅笔、泡泡糖、棒球明星卡等，同时这部分钱也用于向慈善事业捐赠。

“储蓄罐”中的钱用于一些大的开支，如购买影碟或新的电子游戏。

“投资罐”中的钱与前两个不同，不是用来消费的。西尔斯称这部分钱为“最重要的组成部分”——因为我们如果不未雨绸缪，提前做好准备，债务的风险就会总在我们的头顶盘旋。

对建造长期投资管道感兴趣的成年人也可以通过“3 个罐”的系统来管理他们的钱。当然不是将钱放进罐子，而是将其存入银行或经纪公司的账户里。

花费和捐献 （每月的花费）	储蓄 （大笔花费）	投资 （管道）

汽车贷款 食物和房屋 娱乐	家庭旅行 孩子的大学学费 装修房子 其他	股票和债券 个人退休账户 房地产 其他

先支付给自己

像富人那样以金钱为杠杆的关键是“先支付给自己”，每个月固定地将钱存入投资账户，然后让钱自己产生复利。

为投资管道筹款最好的方法，就是每个月从收入的桶中拿出一部分钱来存入管道中。

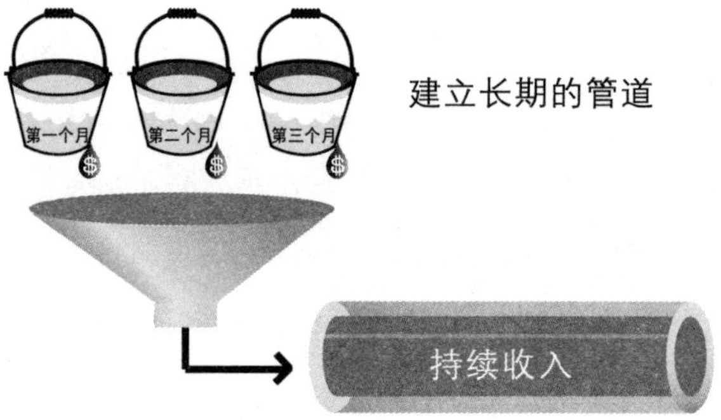

普通人如何变成百万富翁

可惜我们无法选择富有的父母，否则，我们就不用担心减薪和失业了。

但事实上，美国的大部分百万富翁并不是靠继承遗产致富的。

统计表明，80%的百万富翁所继承的遗产数目不超过1万美元。

他们只是效仿了洛克菲勒和肯尼迪的投资策略。

简而言之，白手起家的百万富翁是以他们的金钱为杠杆，建造了自己的棕榈滩管道！

他们是怎么做到的呢？

通过应用“3 个罐”系统——不是花光赚来的每一分钱，而是存一部分在“投资罐”中，让它年复一年地生利。

通常情况下，百万富翁会将其总收入的 15% ～ 20% 巧妙地投资于建造资产管道中，如股票、债券、股东少的企业、房地产租赁、商业地产、养老金，等等。

所以，大部分的百万富翁直到五六十岁才能积累下数百万美元的资产，因为复利需要几十年才会真正看出效果。

就像前面说的，1 万美元的初始投资，投资回报的年利率为 10%，7 年多才能倍增成 2 万美元，但在 50 年内它将倍增 7 次，加起来可达 130 万美元。

本金：1万美元　　年利率：10%

时间（年）	1	7	14	21	28	35	42	49
金钱（万美元）	1	2	4	8	16	32	64	130

如果没有钱，你如何发挥杠杆的作用

成为百万富翁是不是太棒了？

你知道你也可以做到。你或许已经了解到，自己不一定非要靠买彩票中大奖才能成为百万富翁。

百万富翁俱乐部曾经是非常难以进入的地方。你首先要有好的出身，并在好的学校念书。

但今天的情况改变了。

现在普通人也可以加入到百万富翁俱乐部中来。只要你有自我约束力、定期把自己的一部分收入存起来，让其在很长一段时间里产生复利，百万富翁俱乐部就会对你开放。

但我们也必须面对现实。

不是每个人都有钱一夜建成棕榈滩管道，也不是每个人都有耐心用 40 ~ 50 年来建造退休管道。

如果一条管道 5 年就能建成，并让普通人不用投资可观的金钱就可以获得源源不断的收入，那不是更好吗？

这里就有一个 5 年的管道计划，而且你不需要花很多钱来建造它。因为它不是以你的金钱为杠杆，而是以你的时间为杠杆的。

第六课
时间杠杆：人的管道

当布鲁诺晚上和周末悠然自得地躺在吊床上时，柏波罗却在继续挖他的管道。

头几个月里，柏波罗的努力并没有取得多大进展。他工作得很辛苦——比布鲁诺更辛苦，因为他晚上和周末也在工作。

有一句古老的阿巴拉契亚谚语归纳了金钱杠杆和时间杠杆的区别：想站到高大的橡树顶上有两种方法，一种是坐在橡树种子上等，另一种是爬上去。

当人们选择花几十年的时间以金钱为杠杆来建造管道时，他们相当于坐在橡树种子上等。我把这称为“50 年的管道计划”，即利用复利耐心地等待你的钱在多年以后翻倍再翻倍。

毫无疑问，50 年管道计划是有效的。还记得玛格丽特·欧唐奈的管道是如何使她从一个低收入的小学教师变成一个百万富翁的吗？

像玛格丽特·欧唐奈一样，我也热衷于建造长期管道。多年来，我以我的部分收入为杠杆来建造棕榈滩管道。我投资于养老金、股票、个人退休账户、房地产等各个方面。这叫做收入多元化，也叫做建造生命线。

50年的管道计划

- 定期存款和短期国债
- 退休基金
- 股票和债券
- 家庭
- 社会保险
- 401K计划①
- 个人退休账户
- 房地产

但我也热衷于爬橡树。

我把爬橡树叫做“5 年管道计划”，它可以完成和 50 年计划一样的目标，让我们获得财务自由和保障，但却只花了原来 10% 的时间！

这就是我花时间、金钱和精力去建立几桩快速增长的生意的原因。与其过 50 年后才爬到橡树顶，不如通过建立一桩生意，在

①401K计划，是美国于1978年创立的一种延后课税的退休金制度，相关规定为美国《国内税收法》第401条K项，简称为401K计划。

2 ~ 5 年内爬到橡树顶。

5年管道计划

时间使竞赛公平

时间杠杆的美妙之处在于，每个人的时间都是一样的。这意味着时间使富人与普通收入者的竞赛公平化。不管你是唐纳德·川普①还是唐纳德的一位翻斗卡车司机，每天的时间都是一样的。

所以我把时间杠杆称为“人的管道”。每个人的时间都一样多，无论是穷人还是富人，男人还是女人，黑人还是白人，大学生还是高中生，年轻人还是老人。但钱就不同了，不是吗？

想想看，如果你的银行账户每天都会存入 1 440 美元，是不是很棒？

这钱是你的，只属于你。没有人会要求你如何使用它。你可以花掉它、用它作投资、烧了它、扔掉它、以它为杠杆，或者把它随便浪费掉。因为你知道，第二天早上醒来时，银行账户里又

①唐纳德·川普，美国最著名的房地产大亨、亿万富翁、畅销书作家。

会有 1 440 美元。如果每个人每天都从 1 440 美元开始，这个世界是不是会更美好、更公平？

但每个人都清楚地知道，这不是事实。

一谈到钱，生活就是不公平的。有的人是含着银匙出生的，有的人含着塑料勺子，而有的人则只能含着自己的大拇指。

这公平吗？或许不，但就像歌中所唱的一样："这就是生活！"

每天并不会有 1 440 美元自动存入我们的账户，这是现实。但对于时间而言，我们确实每天都会从时间账户中发现 1 440 分钟（24 × 60 = 1 440 分钟）。

私人时间支票

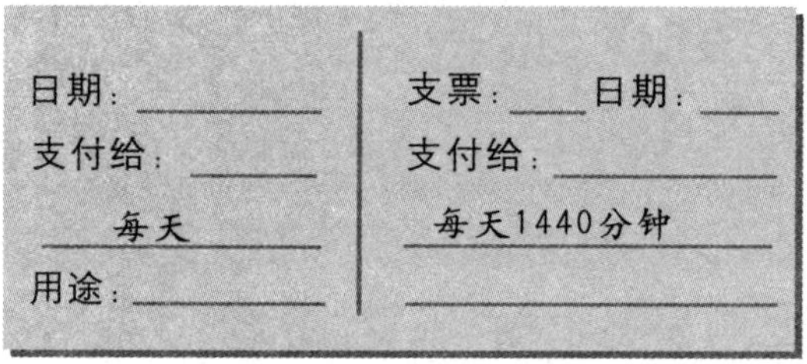

虽然所有人的时间都是一样多，但靠工资生活的人和获得财务自由的人的区别就在于，他们每天使用 1 440 分钟的方式不同！

你的时间比你想象的多

有的人会推迟建造管道，因为他们觉得"现在时机不对"。知道吗？“现在”这个时机对每个人都不合适！

我们都承受着压力，我们都很忙，我们都像消防队员救火似的忙着处理各种意外紧急事件。

有一个词可以用来形容这些不合适的时机，这个词就是“生活”！

有的人在浪费他们的生命，准备等到“最好的时机”来到才开始做这做那。好了，等到死亡来临的那一天吧，因为根本没有所谓的“最好的时机”。

如果有人要你每天坐在墙角织 2 小时的毛衣，并且保证如果你织上一年的话，就给你 100 万美元，你肯定会找出时间去做的，对吗？

即使你的儿子在操场上摔断了胳膊，或你下班后发现车子启动不了，都没有关系。为了这 100 万美元，你肯定会找到时间去织 2 小时的毛衣，根本不在乎它是不是最佳时机。

美国幽默专栏作家阿特·布赫瓦尔德是这样说的：“无论这是最好的时机还是最糟的时机，都是我们唯一的时机。”

悲哀的是，大部分人都没有好好利用时间，特别是零散的时间。我们常用年、星期、天来计算时间，而不用小时或分钟。我们早上 9 点至下午 5 点工作，从星期一至星期五天天如此。我们根据月历来计划生活，我们每年庆祝一次生日或周年纪念。

而关于时间让人吃惊的事实是，将每天的这里几分钟和那里几分钟加起来，就会得到一大段的时间！例如，你知道一个普通人在一生中用于吃饭的时间共是多少吗？ 1 年？ 2 年？答案是 6 年！吃惊吗？下面是一些日常琐事所占用一生时间的统计：

我们一生花在日常琐事上的时间	
6年	吃饭
5年	排队
4年	打扫房间
3年	做饭
2年	回电话
1年	找东西
8个月	查看垃圾邮件
6个月	等待红灯变成绿灯

算一算，22 年就这样从你生命中消失了！这证明了那些零散的 15 分钟、半小时、2 小时……加起来是多么长的一段时间！

几小时可以变成几个月

想一想，如果我们每天晚上或周末用几个小时集中精力去做一件事，例如建造管道，会发生什么事？

如果你每个工作日抽出 2 个小时——早上上班前和晚上下班后各 1 小时，然后在星期六和星期日各抽出 3 个小时，这样的话，你的每一个星期都将会增加 16 个小时的有效时间。

1 星期 16 个小时，一年 50 多个星期，共 800 多个小时，相当于 100 个 8 小时工作日，即每年有额外的 3 个月零 10 天的工作日。

一年得到 3 个多月的自由时间，这真是太惊人了，对吗？

而你所要做的只是每天抽出 2 小时。

额外的自由时间

每天2小时 × 5天=每星期10小时

星期六和星期日每天3小时=每星期6小时

———————————————

总共的额外时间：每星期16小时

时间就是金钱

现在我要告诉你一个秘密：有效地利用空余时间是成功人士有更多的时间做更多的事，得到更多回报的关键之一。

你是否认为比尔·盖茨像普通的美国男人那样每天下午 5 点下班，回家看 7 个小时的电视？

我可不这么认为。

《华尔街日报》的一篇文章曾指出，约占北美洲人口 10% 的富人一星期平均工作 52 小时，而约占总人口 10% 的穷人一星期平均的工作时间只有 45 小时。

这些富人不仅工作的时间长，还会更聪明地工作。换句话说，他们不只是用时间来交换金钱。

不管你走进哪家商店，都不可能看见篮球明星迈克尔·乔丹在柜台后面卖彩票和啤酒。在各行各业里，所有的成功人士都非常珍惜时间，他们会寻找每个机会利用时间杠杆。

不浪费，不需要

人们常问我为什么在事事如意的时候还要建造管道。他们说，在办公室忙碌了一天之后，就应该放松一下。他们以为躺在沙发上看电视直到睡觉的方式是给自己最好的回报。

“现在的生活很好，”他们告诉我，“找到一份好工作，银行里有点存款，孩子在学校里表现良好。不需要打破现状。”

我告诉他们，没有比在一切顺利时建造管道更好的时机了。

为什么这么说呢？

因为当潮退时就太晚了。

我告诉他们一个古老的笑话：

有一个人住在曼哈顿豪华饭店的第30层，可以俯瞰中央公园。

他拉开窗帘，打开窗户，正准备欣赏景色。这时候，他惊奇地看见一个人正从窗口坠落。

“你怎么了？”他问那个正在掉下去的人。

“很好——到目前为止。”那个人回答。

就像这个笑话一样，世界上的许多提桶者都过得还不错——当然是到目前为止，但他们不能永远保持自由落体的状态。只要是以时间换取金钱，他们的生活就没有安全保障。为什么？因为当他们生病、受伤、被解雇时，收入也就没有了。

对于提桶者，没有收入就意味着没有保障！

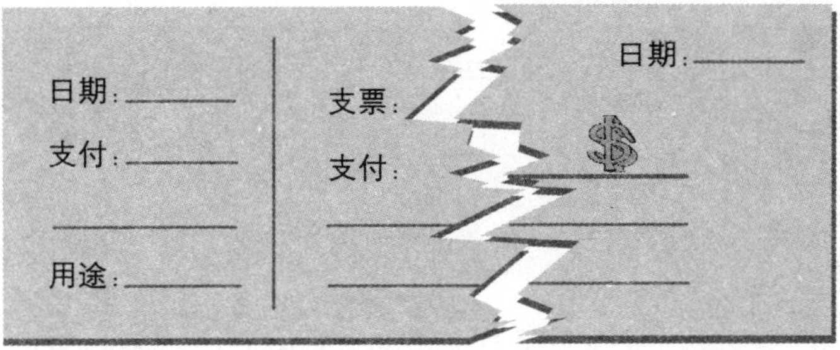

蚂蚁和蝗虫的寓言

当我写这本书时，消费者信心指数还很高。失业率很低，人们的收入正在增加，家庭消费正处于历史最高纪录，汽车的销量也在迅速增长，大部分人都过得还不错——到目前为止！

但我们不能把“到目前为止”当做“永远”。每个人都知道生命中有高峰也有低潮，经济也是一样。现在的经济已经差不多到达顶峰了，你自己的生命或许也处于高峰了。

但向上发展的事物总有一天会下跌。当下跌时，许多人会陷入艰难的境况中——被解雇、改行、信用卡债务、紧急医疗事件、照顾年迈的父母等。

聪明的人明白，谋求个人利益的最好时机正是经济繁荣的时期。聪明人在经济衰退前便建好了安全网，而不是等到经济衰退时才开始着急。

所以，我告诉人们，现在是建造管道的最佳时期，而不是在经济下滑时期。

这就好像蚂蚁和蝗虫的故事：

蚂蚁是管道建造者，它利用夏天为即将来临的冬天贮存粮食。

它同样享受夏天的时光，但还懂得抽出部分时间来建造管道。

而蝗虫则是提桶者，它一拿到钱便全部花光。它把所有的时间都浪费于在阳光下玩耍，而忽视了即将来临的冬天。

当冬天真的到来时，它没有准备好合适的管道，最终只能饿死。

现在付给我报酬……或者以后再付

你是否知道那句有名的广告词“现在付给我报酬……或者以后再付”？这和建造管道是一样的。你可以现在便开始“付钱”，投资一些时间和金钱建造管道，也可以以后“再付”——等到六七十岁时靠着微薄的社会保险救济金维持生计。

想一想，如果你的管道能提前建造好，你将来就会得到回报，而不会一无所有！

那该多棒啊！

现在“付钱”

投资时间和金钱

以后“付钱”

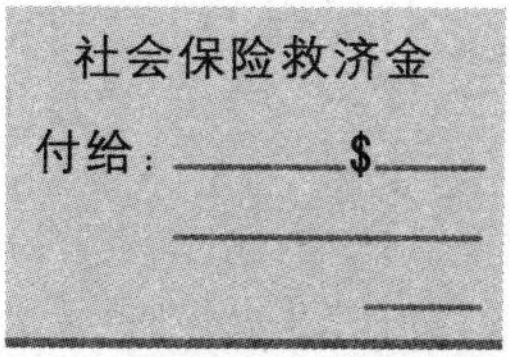

微薄的社会保险救济金

时间杠杆：人的管道

记住——时间让竞赛变得公平！

并非人人都有同样多的钱可以作为杠杆。

但我们有相同的时间！

聪明地以空余时间为杠杆，你就能建立一条持续回报的管道。

我们很幸运地生活在每个人都能以时间为杠杆来建造管道的年代里。要知道，以前不是这样的。

在20世纪初，只有非常富有的人才能奢侈地以时间为杠杆。而在1890年，大部分人都是每天工作10小时以上的劳工，他们忙于生计，根本无暇思考杠杆作用。

但今天，人们有了比以前更多的空余时间。时间是最公平的！时间让微不足道的小人物可以与商业巨子竞争。富人所拥有的一天不是48小时，穷人所拥有的一天也不是12小时。他们都拥有同样的时间——每天24小时、每星期7天、每年365天。

历史上最伟大的时间杠杆工具

今天，管道不再是富人的专利。每一个拥有时间和强烈愿望的人都能以时间为杠杆，花 2 ~ 5 年建造“人的管道”，这条管道会持续几年甚至几十年地给予你回报。

实际上，我们已拥有了有史以来最伟大的时间杠杆工具！它能在更短的时间内创造出更多的百万富翁，世界上没有任何一项发明能跟它相比。

我将这个令人赞叹的杠杆工具称为“电子管道”，它是利用时间杠杆的最好工具。你或许听说过它的另一个名字，那个 24 小时不断闪现在电视里和报纸标题上的名字。

它到底是什么呢？

互联网！

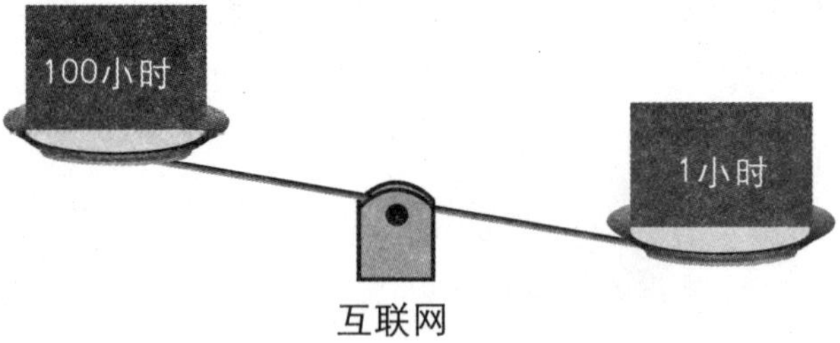

历史上最伟大的时间杠杆工具

第三部分

终极管道

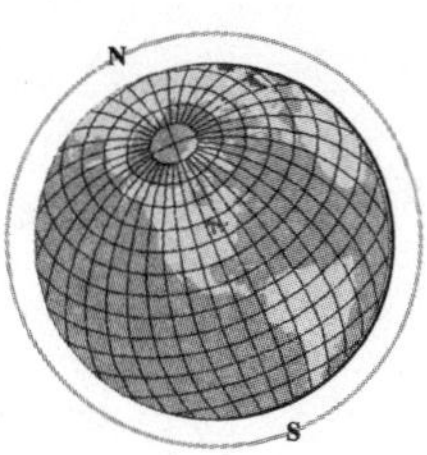

第七课
电子复利：终极管道

管道建造者柏波罗的名气大了，人们都称他为“奇迹创造者”。政客们赞扬他的远见，还恳请他去竞选市长。但柏波罗明白他所创造的还不是奇迹，而只是他宏伟梦想的第一步——柏波罗的计划远远超过这个村庄。

柏波罗计划在全世界建造管道！

到现在为止，我们讨论了人们如何运用时间杠杆和金钱杠杆来创造源源不断的收入。

接下来要谈的问题是：“在新的经济形势下，什么是最有力和最有效的管道？”

答案是互联网，一项突破性的技术，我称之为“新经济的电子管道”。

朋友们，互联网改变了全世界人们生活、工作和娱乐的方式。总而言之，互联网就是未来——而未来就在你眼前！

在本部分内容中，我要告诉你如何利用历史上最伟大的杠杆工具——互联网，在 2 ～ 5 年内建立一条能给你带来源源不断的收入的管道，而不是花费 50 年的时间。

互联网的革命刚刚开始

互联网正在使整个世界发生重大变化，这是千真万确的事实。

通用电气公司前首席执行官杰克·韦尔奇告诉《华尔街日报》，互联网是他一生当中最伟大的商业变革——杰克·韦尔奇出生于 1936 年。

安迪·格罗夫是英特尔公司的前任董事长，他直截了当地指出："5 年内，所有公司都将成为互联网公司，否则它们将不再是公司了。"

这个世界是相互连接的

是什么让互联网管道显得如此威力无穷？

让我们先想一想互联网到底是什么。全球几十亿人，彼此通过电脑或移动电话连接在一起，在一瞬间相互交流或相互销售产品。每天 24 小时，每星期 7 天，每年 365 天，这种连接和交流随时随地都在发生，而且只需支付本地的电话费。

这真让人大吃一惊！

互联网的速度像光速那样快，你每天只需花几块钱就可以随时使用。

它有无限多的用途，能够连接到全世界。上亿人只用了建造布鲁克林大桥所需的一半时间就成为了互联网的用户。

几亿人都在上网，通过电子商务购买的产品和服务价值达到几千亿美元。

这可不是天花乱坠的新闻，这是全球性的革命。

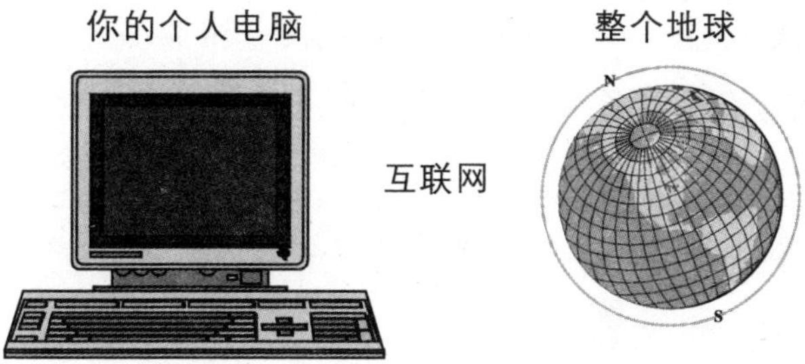

互联网的问题

互联网是真正的革命，但它还不够完美。

实际上，互联网有一个问题。一个大问题！

互联网最强的地方同时也是它最弱的地方——它太大了！太拥挤！太混乱！太多的竞争！太多的高科技！你去哪里购物？如何购买？你能信任谁？

它令人眼花缭乱!

根据专家所言，电子商务面临3个重大的挑战：

- 需要更顺畅的交易；
- 需要更多的销售量；
- 需要更多的回头客。

互联网需要忠诚的顾客

简而言之，大部分电子商务公司都在寻找顾客——忠诚的顾客。

所谓“忠诚的顾客”，是指会一星期又一星期、一个月又一个月地从某个电子商务网站购买产品，而不是隔了好久才偶然再购买一次的顾客。

我听到很多人在谈论网站的点击率，但点击率本身并不能带来经济效益。

它们就像是步行俱乐部[①]的成员，每天早上在当地的大商场里碰面。他们利用商场来锻炼，而不是买东西，他们无意购物。逛完商场时，他们会钻进各自的车子到其他地方去购物。

同样，网站上的许多点击就像人们在互联网上散步一样。点击本身不能带来经济效益，销售才能带来经济效益。实际上，大部分电子商务网站都在寻找更多的销售量。

为什么?

---

①步行俱乐部，一种以更健康、更满足的生活方式为宗旨的组织，会员会在不同的地点集体步行。

因为大部分网上购物者并不会每个星期或每个月都想到固定的网站购物。互联网的用户没有忠诚度，这是因为大部分电子商务网站更关心的是提供价格最低的产品，而不是动脑筋与客户建立长期的关系！

互联网最大的问题

拯救关系

在互联网时代，培养忠诚顾客的秘诀是什么？

关系！

和真实的人建立实际、坚固和长期的关系（正好与被称为“点击”的高科技关系相反），这是真正成功的电子商务网站和那些曾经成功的电子商务网站的最大区别。

你看，高科技的互联网需要人与人之间更密切的接触。正如约翰·奈斯比特[①]在20年前所发现的："科技越发达，我们越需要相互接触。"

所以，今天的人们比以往更需要与人接触的温暖，用以平衡数字和网站的冷漠环境。

想一想，你看的上一部电影是来自网站的推荐吗？不太可能吧！更有可能是朋友或同事推荐给你的。

你最喜欢的网站也是一样——往往都是你认识或信任的朋友推荐的。

相反，那些电视广告或漫天飞舞的横幅广告都曾让我们作出过错误的决定。

事实上，口头推荐一直以来都是最有效的广告形式。在今天尤其如此。

人们喜欢与别人接触，信任通过密切接触建立起来的关系。人与人的关系可以解决互联网最大的问题——缺乏忠诚的顾客。

这就是你可以发挥作用的地方。

你向周围的人推荐产品和服务，他们根据你的推荐去购物。如果你能从中得到点回报，难道不是更好吗？

你可以这样！

通过时间和关系杠杆，你能为渴望建立关系的电子商务网站带来更多的忠诚客户，同时也为自己建造会带来源源不断收入的管道！

结果是双赢。电子商务网站得到更多忠诚的客户，你从你所

①约翰·奈斯比特，著名的未来学家，著有全球畅销书《大趋势》等。

推荐的产品或服务中得到报酬。

我称之为终极管道。

它在等着你来打开！

终极管道

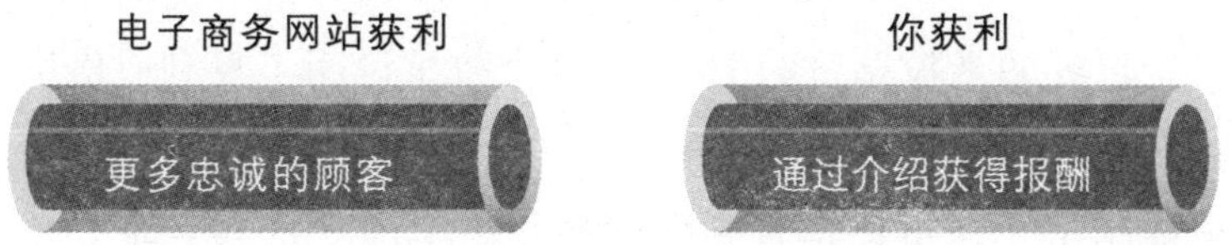

你介绍忠诚的顾客，他们负责技术

基本上，终极管道是这样运作的：你和一个稳健的电子商务网站形成合作关系。

电子商务网站负责技术——他们负责建立网站，提供网上订货、送货、处理信用卡和财务相关事宜，向你支付佣金——因为他们得到了忠诚顾客重复消费的利益。

如我所说，这是双赢！电子商务网站解决了它的最大问题——缺乏忠诚顾客，而你建造了一条有源源不断收入的管道。

你可以从终极管道中赚到多少钱？这由你自己来决定。

当你使用神奇的电子复利时，一切就都成为可能！你很快就会明白，为什么爱因斯坦会将复利称为“世界第八大奇迹”。

电子复利——终极管道

你还记得前面讲到的中国皇帝和国际象棋发明者的故事吗？发明者要了一粒米，并且在棋盘上每走一格便翻一倍，最后总数是当时全世界的米粒总量的10倍！这个故事说明了复利或倍增的惊人力量。

想象一下，如果你把复利的概念和电子商务结合起来，将会发生什么事？那就是“电子复利”。

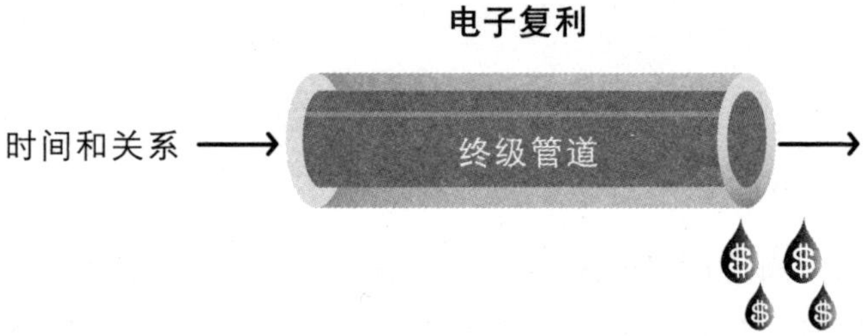

只要想一想电子复利的潜力——复利指数的增长与互联网的广泛普及和高速发展相结合，哇！

所以我将电子复利称为终极管道。通过互联网，你可以让你的时间和关系产生复利，从而得到报酬。

通过电子复利，你可以建立起棕榈滩管道，而不必投资一大笔钱。

现在你知道为什么我将电子复利称为终极管道了吧！它把电子复利的增长指数与电子商务的便捷性和影响力结合起来。

像柏波罗一样，你将通过时间杠杆（而非金钱杠杆）来扩大你的管道！

不需要特殊技能

电子复利的美妙之处在于不需要很多钱就能开始，你只需几个月或几年的时间就可以建成管道，而不是几十年。

你帮助别人摆脱了互联网的混乱，并从中得到回报！只要你能与人交谈，能指导和解释，你就能利用时间和关系杠杆来建造终极管道。

终极管道让我们向棕榈滩的富人们学习——我们模仿了复利的概念。我们以时间和关系为杠杆产生复利，而非金钱。结果我们可以利用少量的金钱和零散的时间来得到和棕榈滩管道同样的结果。

怪不得全世界成千上万的普通人忙于建造终极管道，他们可以像拥有棕榈滩管道的富人一样享有它的好处，却不必投资大量金钱。

他们的杠杆是时间。他们只需几个月就可以收获管道所带来的利益，而不必等 50 年！

这是显而易见的！

两种杠杆

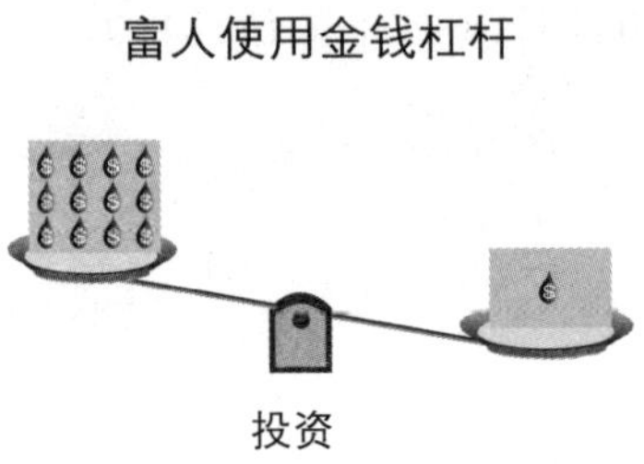

新时代的商业模式

加里·哈梅尔是畅销书《领导革命》的作者。他说，在高科技的世界里，“只有那些在新经济形势下能够创造产业革命的公司才会繁荣”。

哈梅尔认为，今天，公司之间竞争的不仅是产品和服务，还包括是否有能力为企业的创新设计出新点子。

他还说，创造出更好的经营理念并不是什么新鲜事物。亨利·福特的突破就是生产出了一辆工薪阶层可以买得起的汽车。

刚开始时，福特公司只是生产一种适合每个人需求的车——“你可以拥有各种颜色的 T 型车。”这是福特对市场需要更多汽车款式所作出的反应。

而通用汽车公司的阿尔弗雷德·斯隆改良了福特的理念。他知道顾客就是上帝，于是想方设法满足每位顾客的需要和品味。

斯隆提出的“适合每种用途和每个钱包的汽车”的口号至今

仍非常著名。

因为斯隆有更好的经营理念，所以通用汽车公司的营业额现在已经超过了福特汽车公司，是世界上产值最高的汽车公司。

新的改良模式

像通用汽车公司那样，电子复利是之前的电子商务概念的改良模式，是一个吸引新顾客并培养其忠诚度的更好方法。

这让我想起在漫画《家庭杂技团》里，5 岁的多莉在向她的小弟弟解释蝴蝶是从哪里来时说的话："蝴蝶是新生和改良了的毛毛虫。"

电子复利是新生的、改良了的电子商务！缺乏有口碑的营销、推荐佣金和复利的力量，电子商务将永远无法冲破那层茧！

电子商务	电子复利
缺乏忠诚顾客	大量的忠诚顾客

电子复利是电子商务的改良模式，它让电子商务展开双翼并发挥了潜力。

结果是，当千百家电子购物网站因为大幅度的打折而陷入债务困境时，以推荐客户为基础的电子商务网站却欣欣向荣。

电子复利不是一辆"满足每种用途和每个钱包的汽车"，而是

“满足每种用途和每个钱包的管道”。

你的目的或许是挣到足够的钱来过一个特别的圣诞节，或许是为了逃离那份没有前途的工作，或是为了建立全球性的终极管道。

也许你每个月能多赚几百美元，也许你会成为一名让自己的钱翻很多倍的百万富翁。

电子复利是终极管道。

要建多大的管道由你自己来决定!

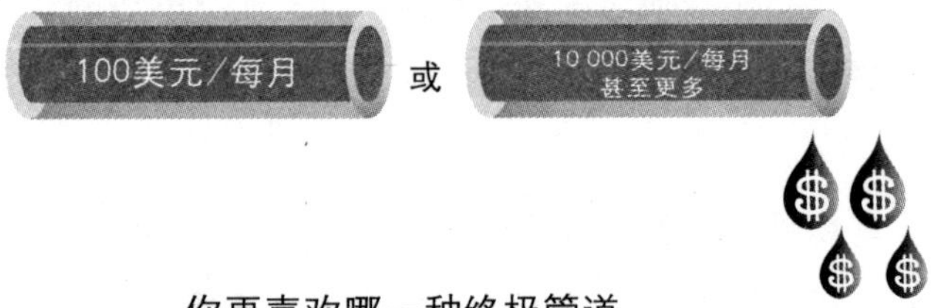

你更喜欢哪一种终极管道

第八课
你选择 50 年计划还是 5 年计划

但悲哀的是，大部分提桶者总是不耐烦地拒绝了他们的建议。柏波罗和布鲁诺无数次地听到相同的借口。

柏波罗和布鲁诺为如此多的人缺乏远见而感到悲哀。

有一个古老的笑话讲述了关于管道的两个要点。

一个叫乔的人多年来从事着一份他所憎恶的低薪工作，但他决定要在退休时成为富人。于是他节衣缩食，尽可能地积攒每一分钱，并在晚上及周末从事第二职业来为他的管道投资添加燃料。

50 年之后，他的自律和牺牲得到了回报，他终于获得了财务自由！

乔决定，既然他已经 70 岁了，一定要过过逍遥自在的日子！

他认为该放纵自己去做梦想了一辈子的事了——到世界各地去潜水！

乔花了许多他辛苦挣来的钱学习潜水及购买潜水设备。他坐头等舱飞到夏威夷，并且在著名的丽思卡尔顿酒店订了套房。

第二天，他直奔夏威夷最漂亮的珊瑚礁。

当他穿上昂贵的潜水服时，感到无比的自豪。他有专门量身定做的潜水服，特制的轻便铝质氧气筒，德国制的潜水相机、防水笔及防水写字板。

终于准备好了！

他的梦想终于要实现了！

他潜到大海里七彩的珊瑚礁旁，尽情地享受每一分钟。他一边潜入海底，一边拍摄各种奇异的鱼。第一次潜水正像他一直梦想的那样快乐。他为这个新爱好花了几万美元，而所花的每一分钱都是值得的！

“等待是值得的，”乔对自己说，“这真是太棒了！”

突然，他惊奇地看到一个只穿着泳裤的男人正在距他大约3米以下的地方游泳。乔愤怒地在他的写字板上快速写下了一句话，然后游到那人旁边，拍拍他的肩，生气地将写字板递给他看。上面写着：

“为了这套潜水设备，我花了几万块钱。而你却只穿着泳裤，是怎么回事？”

那人抓过写字板写道：“我快要淹死了！”

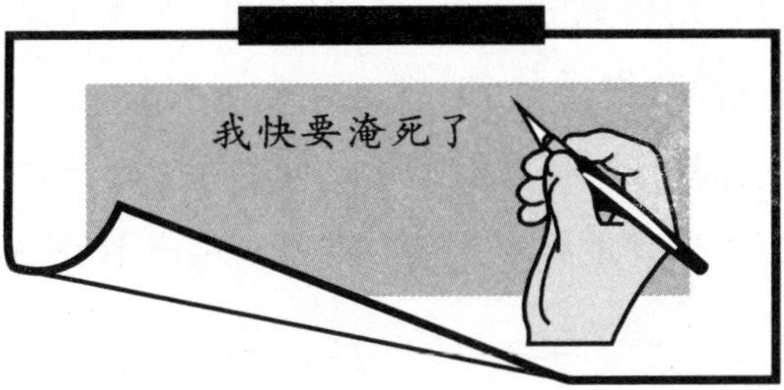

许多人快要淹死了

从这个笑话中，我们学到的第一点是，事情往往不像我们看到的那样！乔以为那个人是在享受潜水，但事实却完全不同——那个人快要淹死了。

当我们谈到财务时，真相同样会被一些表面现象所掩盖。那些戴着劳力士表、穿着名设计师专门设计的服装的人，看上去好像拥有财务自由，但他们很多人快要淹死在债务中了！

《邻家的百万富翁》的作者托马斯·斯坦利和威廉·丹科在为写书做调查时，采访了一些拥有100万或更多净资产的富人。

他们起初认为住在最豪华的别墅里的都是富人，于是就去调查那些住在高级住宅区的人。

但是，他们很快就发现，许多住大房子、开豪华轿车的人并没有积累太多的财富。

为什么？

因为他们花了太多的钱来维持他们奢侈的生活方式，而没有拿出一部分来建造管道。

斯坦利和丹科用得克萨斯州的一句谚语来形容这群高消费者：“光有大帽子，但没有牛。”

也就是说，像牛仔一样戴着帽子，却不像牛仔一样有许多牛。

这个比喻相当生动地展现了这个现象，难道不是吗？

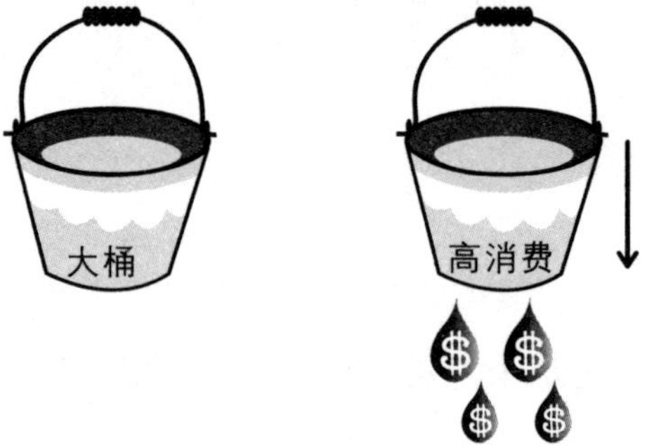

50 年管道计划的威力

从潜水的故事里学到的第二点，就是乔获得财务自由的计划。乔的 50 年管道计划既是正面影响的典型例子，也是负面影响的典型例子。

让我们先看看正面影响：

50 年管道计划确实有效！每个月积攒少量的钱投资在股票市场，这是普通人获得财务自由的可行之路。

长期投资的关键是长期固定地注入资金，让它年复一年地生出复利。如果人们尽早开始并坚持去维护管道计划，即使每个月只存 100 美元也可以成为百万富翁！不可能？请看下面的表格：

如何在65岁时成为百万富翁

年回报率：12%①

年龄（岁）	每天投资（美元）	每月投资（美元）	每年投资（美元）	需要成为百万富翁的年数
25	3.75	109	1 304	40
35	11.35	345	4 144	30
45	38.02	1 157	13 879	20
55	156.12	4 749	56 984	10

注：尼尔·埃尔莫奇摘自《聪明投资人》杂志。

如果你能尽早开始建造长期管道，成为百万富翁就是如此简单，这真是令人吃惊！任何生活水平高于贫困线的人都可以做到！

你需要做的只是每天投资3.75美元。在一只年回报率为12%的共同基金中，一天一天地坚持投资下去，持续40年——或许不是“快速”，但绝对会成为一名百万富翁！

再想一想，每3个美国人中就有一个人吸烟。在佛罗里达州，一包烟的价格是3.75美元。如果每个吸烟者在25岁时戒烟，将这笔钱投入市场让它产生复利，40年后，1/3的美国人在65岁时将成为百万富翁。

吃惊吗？难道你不希望在你25岁时有人告诉你这一切吗？即使在35岁或45岁时，普通家庭要建造一条百万富翁的管道也

①考虑到股票市场在过去70年平均回报率为11%，在过去10年内是25%，12%是合理和可能的回报率。

不晚。但等到 55 岁才开始存钱养老,你就会发现眼前是一面峭壁,肯定是!

最大的风险是不向市场投资

许多人仍然认为将钱投资于股票市场是很危险的。是的,是有些股票在跌。有时整个股票市场会大跌,例如 1929 年的经济大萧条时期。

但所有华尔街的高手都认为,从长远来看,股票投资是建造利润管道最简单可靠的途径。事实证明了专家的看法:在过去的 200 多年里,纽约股票交易所的所有股票平均每三天就有两天在上涨。自第二次世界大战以来,股票涨了 71 倍,虽然 55 年来经历了 9 次经济萧条。

杰里米·西格尔在他的《股票:长线法宝》一书中统计,从 1802 ~ 1997 年的 195 年间,投资到黄金的 1 美元上涨到了 11.17 美元,同样的 1 美元投资到股市可复利上涨到 750 万美元!

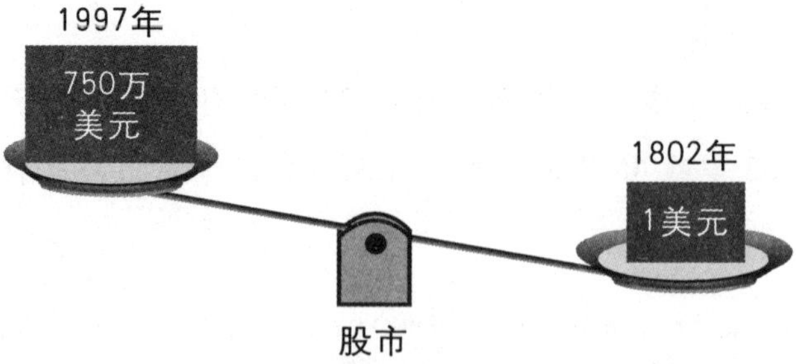

这说明了建立 50 年管道的计划确实可行，不用怀疑！大部分人都应该建造几条 50 年管道。房子是长期管道，社会保险是另一条管道。不幸的是，太多的人在建造了这两条管道后就停止了。

多数人的50年管道计划

另一方面，聪明人通过投资组合、养老金计划、个人退休账户等建立了另外的长期管道。这些都是长期管道，任何一个有足够判断力和自律性的人都可以建造这样的管道。

聪明人的50年管道计划

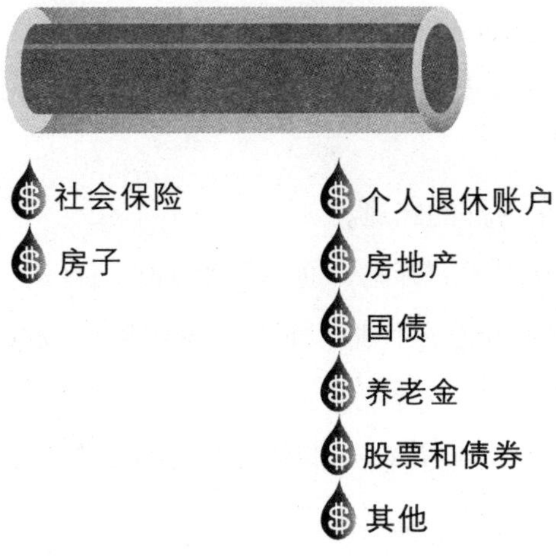

50年计划的负面影响

我刚才讲了关于50年管道计划的正面影响，几乎每个普通家庭都可以建造百万美元的管道，只要他们开始每个月存钱并让这笔投资长期复利。

但坏消息是，大部分人今天就想享受管道的利润，而不想等待20年、30年、40年甚至至50年。

我承认，我也想今天就享受美好的生活，而不是在半个世纪之后。

是的，我相信应该建造好几条长期管道，我也在建造这样的管道。

但实际上，跟存钱相比，我更喜欢花钱。我喜欢那些用钱可以买到的好东西，我相信你也会有同感。

我喜欢在一流的餐厅里吃美味的大餐。

我喜欢带家人去滑雪或坐游船。在假期中，我们会留下一些最美好的回忆。

我喜欢新车内部的味道。

我喜欢驾驶大大的奔驰，而不是小小的马自达。

我喜欢随时都能用手机，而不是等到周末或晚上话费便宜时才用。

我喜欢花20美元去看一部刚刚上映的卖座电影，而不是3个月之后才花3美元租一盘录像带。

归根结底，长期管道对于想在退休之后无忧无虑的人来说是必不可少的，所以每个人都应该建造 50 年管道。

但让我们面对现实，你真的愿意等 50 年才去享受管道的利润吗？我就不愿意！

我愿意做出牺牲去建造退休管道，但我不想因为这样而像僧侣般地生活 50 年。

我现在就想过梦想中的生活，趁我还年轻，趁孩子们还没离开家的时候。我不想等到 65 岁或 70 岁才能过上梦想中的生活，就像刚才故事中的乔。我相信你也有同感。

吃不光的蛋糕

就像刚才说的，你应该建造一条长期管道，但不是仅有的一条。你不能将所有的鸡蛋都放在同一个篮子里，也不能将所有的钱都投资在同一条管道里。

一个 5 年管道计划，不仅可以让你的管道组合更多元化，还可以让你拥有更大的梦想，并立刻享受它们。不用等到 60 岁或 70 岁，现在就可以吃你的蛋糕。

想一想，难道你不想在 5 年内就实现财务自由吗？你当然想，有谁不想呢？

所以我推荐你在建造 50 年管道的同时，也建造 5 年管道。

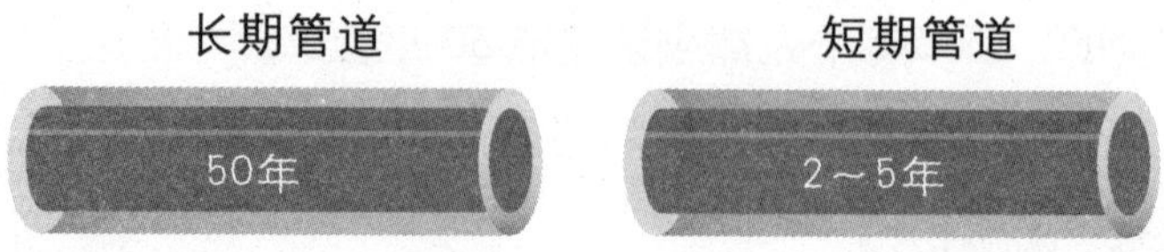

终极管道——电子复利——能在2～5年内建成，而不用50年。它可以在几个月——而不是几十年内——便产生效益。你可以利用业余时间来建造你的终极管道，比如晚上或者周末，等到它产生的利润足够多的时候，你就可以全职来做。

想一想，终极管道可以让你在很短的时间内站在橡树顶端。最重要的是，你不用积累和投资大量的金钱来建造这条管道！

你要做的只是以自己的时间和人际关系为杠杆！

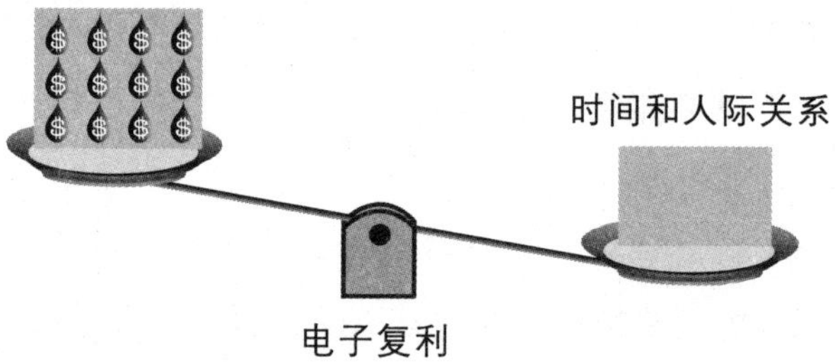

为今天而活，为明天计划

许多年前，我父亲给过我一些伟大的忠告。他说："为今天而活，为明天计划。"

我从来没有忘记过这句话，并且经常向我的 4 个孩子复述。

在建造 50 年管道的同时，也要建造 5 年管道。我为你提供这个建议，也就是给予你追随我父亲明智忠告的力量。

你瞧，终极管道计划——5 年管道——可以让你为今天而活，因为你在短短的几个月内便可以享受到管道带来的成果。

另一方面，50 年管道计划可以让你更好地为未来计划。

所以，我建议你在建造长期管道的同时，也要建造短期管道。

当我父亲教导我“为今天而活，为明天计划”的时候，实际上他是在说“管道是你的生命线,做个管道建造者,而不是提桶者”。

伟大的教导，父亲！真是伟大的教导！

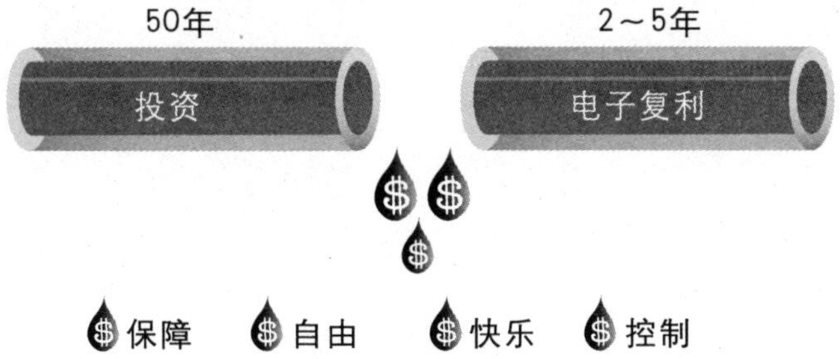

结束语

终极管道的故事

终极管道

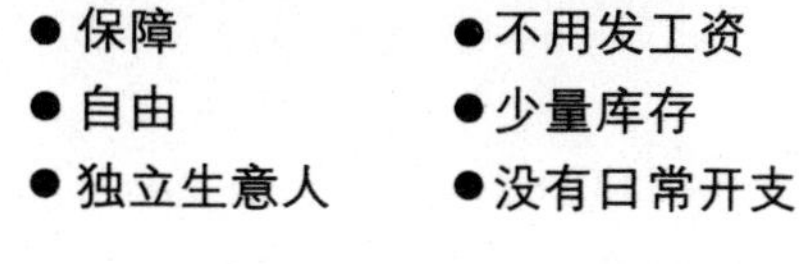

- 没有上司
- 保障
- 自由
- 独立生意人
- 没有员工
- 不用发工资
- 少量库存
- 没有日常开支

2001 年，美国硅谷。

保罗和布鲁斯是一对年轻并雄心勃勃的堂兄弟。他们都在西斯坦国际公司担任中层经理。

这家公司是在世界各地都拥有电气和水处理设备的跨国企业。

两个年轻人是好朋友。

他们都拥有远大的梦想。

他们经常讨论如何在某一天通过某种办法实现全面的财务自由。他们都很聪明，而且工作也很勤奋，他们需要的只是一个机会。

有一天，机会终于来临了。

公司决定委派他们俩担任西斯坦全球软件部门的高级经理，月薪翻了 1 倍。

“我们的梦想实现了！”布鲁斯大喊着，“我简直不敢相信我们的运气。”

但保罗心里有些疑惑。

第一天工作了 10 小时之后，保罗的背又酸又痛，由于一直在敲击键盘编写程序，手指尖也很酸痛。

他手下有 50 名员工，但大部分都没有合作精神而且缺乏激情。

他的上司常常感情用事，粗鲁又很苛刻。

保罗也不喜欢连续几周到国外去出差，他甚至厌恶每天早上必须起床去上班。

他想要更好地工作和生活。

管道建造者保罗

“布鲁斯，我有一个计划。”第二天早上，在他们走进办公室开启电脑前，保罗说：“与其为了每周的工资单，用我们的才干和时间应付这个暴君般的老板，管理这群没有激情的员工，不如我们以互联网为杠杆去创造源源不断的管道收入。”

他继续说道：“干一份工作就好像在提桶，提一次桶得到一次报酬。但如果因为生病或被解雇而停止了工作，报酬也就终止了。

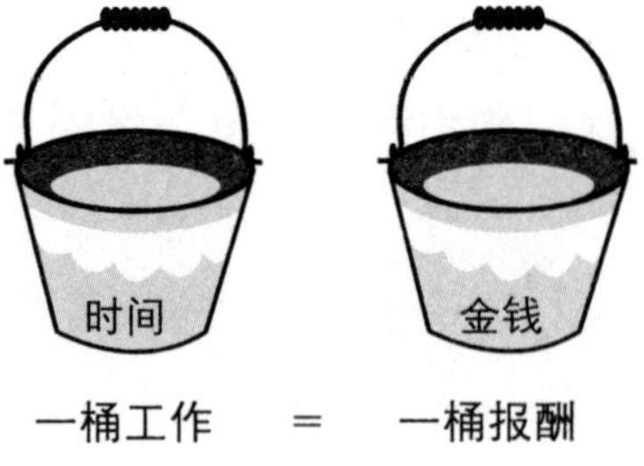

“我们需要一份能创造源源不断的收入的事业。持续的收入就

像建造管道——我们只要做一次,就可以不断地得到回报。布鲁斯,我们需要像管道建造者那样思考和做事,而不是像提桶者。

管道

“我以前的一位员工正帮我在互联网上建造管道。他称之为终极管道,因为它结合了电子商务和复利的力量。

“终极管道是我自己的生意——我拥有它。我在家工作,没有上司、没有员工、不用发工资、无需库存。它是基于互联网的精益生产[①]计划。它能带来源源不断的持续收入。”

终极管道

- 没有上司
- 保障
- 自由
- 独立生意人
- 没有员工
- 不用发工资
- 少量库存
- 没有日常开支

①精益生产(Lean Production),是美国麻省理工学院在“国际汽车”项目中,研究和总结了日本丰田汽车的生产方式,于1990年提出的制造模式。其目标是追求消灭包括库存在内的一切“浪费”,发展了一系列具体方法,形成了一套独具特色的生产经营管理体系。

布鲁斯愣住了。

“一条互联网上的管道？我从没听说过这样的事！”布鲁斯大声嚷嚷着。

“我们现在有一份很棒的工作，”布鲁斯断然说道，“不要打翻这条船。我们有职业保障和许多福利。”

“我们有双休日，每年有两个星期的带薪假期。我们这辈子已经安顿下来了！让你的什么终极管道见鬼去吧！”

但保罗不是那种容易气馁的人。尽管没有效果，他还是耐心地向他的好朋友解释了终极管道的计划。

保罗在工作的同时，还利用周末及晚上的时间来建造自己的互联网管道。

他知道，要让他的终极管道产生较大的利润，可能需要一两年，但保罗相信他可以拥有自己的生意和自己的生活。

他决定要做好。

小行动带来大回报

当布鲁斯晚上和周末躺在躺椅上时，保罗在继续建造他的终极管道。

最初几个月，保罗的工作没有多大进展。网上的管道生意对他来说是陌生的东西。他需要学习一套新的系统并传授给合作伙伴。

他每天和老师一起讨论所遇到的问题，参加周末的培训以提高拓展生意的技巧。他阅读老师推荐的关于个人成长的图书，还听录音带。

一天天过去了，保罗的生意拓展技巧不断提高。

他学习如何与人交谈，如何与人谈论他们的梦想，如何得体地处理反对意见，如何最大限度地发挥人们的能力。

渐渐地，他对自己越来越自信，对他的生意机会和新的合作伙伴都更加有信心。这对于保罗来说是新的天地。随着他的知识和自信的增强，他的互联网管道也越来越成熟。

保罗不断地提醒自己，明天的梦想是建立在今天的付出的基础上的。他一天天地建造终极管道。

“如果我的梦想足够大，一时的好坏并不重要。”每次打电话给下一个可能的顾客时，他都这样鼓励自己。

“短期的付出将得到长期的回报。”当他设定每天和每星期的目标时，他都这样提醒自己。他知道终有一天，回报将大大超过付出。

每天晚上，当他一边听着成功电子商务网站建造者的演讲培训录音带一边渐入梦乡时，他都一遍遍地重复这句话：

“把目光盯在回报上……”

时来运转

时光飞逝，几个月过去了。

一天，保罗意识到他的互联网管道终于“泵”出了相当于他半个月工资的利润！

他白天继续努力地工作，同时更有效地利用业余时间。他知道只要再过几个月，业余时间建造的管道的收入将超过他那份全职工作的收入。

在公司的午休时间里，保罗看到他的老朋友匆匆忙忙地走过。

布鲁斯的提桶工作越来越沉重了，他被那个苛刻的老板压迫得脸色越来越难看，每天都是不现实的工作期限，加上不断传出的解雇谣言……

周末时，布鲁斯会写上几十封辞职信，但他从来没有寄出过。他还要支付账单，他太需要这份工作了。

他感到自己被困住了，心里空荡荡的。

办公室的废纸篓从来没有空过，里面都是他没有寄出的辞职信。

离开工作

终于，保罗盼望已久的一天到来了。电子管道的月收入超过了他在西斯坦国际公司那份工作的薪水！

他的妻子把公司的工资单和互联网管道的收入支票复印后裱在一起。保罗的新管道伙伴们都前来祝贺，他手里举着裱在镜框里的支票。照相机的闪光灯不断地闪烁，他的眼睛里闪耀着喜悦的泪花。

保罗是公司里唯一没有被老板吓倒的员工，因为他有了终极管道，保罗自由了！那些知识让保罗更加自信。保罗平静地面对老板的大吼大叫。在老板言辞过分时，他耸耸肩，平静地看着老板的眼睛。

“没必要叫喊，”保罗平静地说，“我正站在你面前。如果我们能平静地讨论，会不会更有效率呢？”

因为保罗对付老板的独特方式，同事们都称他为“驯狮者”。但保罗明白他并不是在驯服老板，只是在老板面前挺直了腰杆，因为对方已经再也没有能力控制他的生活了。

一天晚上，保罗坐在家里的办公室中写了这样的一封信：

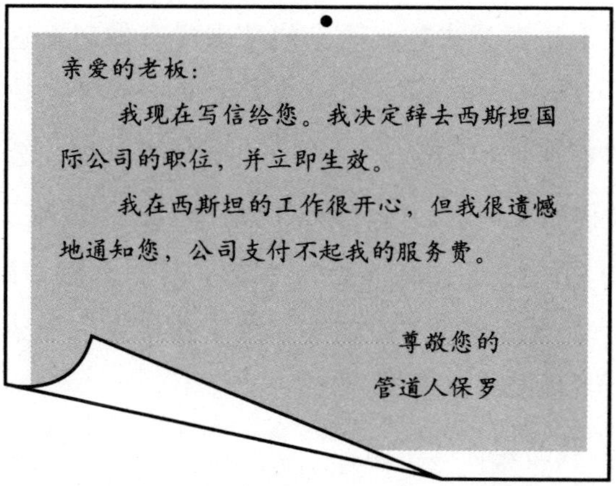
亲爱的老板：

我现在写信给您。我决定辞去西斯坦国际公司的职位，并立即生效。

我在西斯坦的工作很开心，但我很遗憾地通知您，公司支付不起我的服务费。

尊敬您的

管道人保罗

当他把辞职信折叠起来装进信封时，感到了一阵自由浪潮的涌动。

他展望未来，乐观而充满希望。

他知道他所建成的互联网管道只是他宏伟梦想的第一步。

保罗的计划远远不止走出西斯坦国际公司的围墙。

保罗的计划是在整个北美洲建立互联网管道，最终扩展到全球!

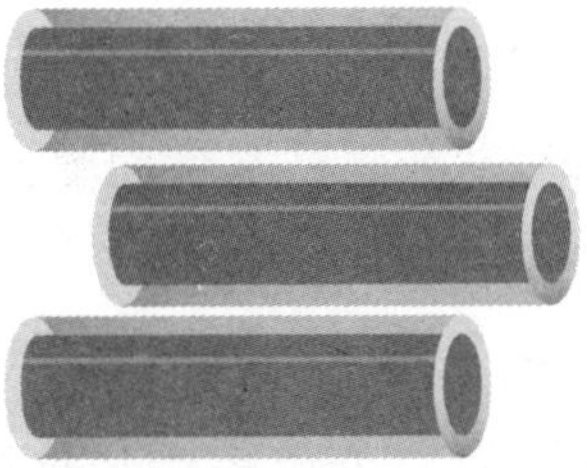

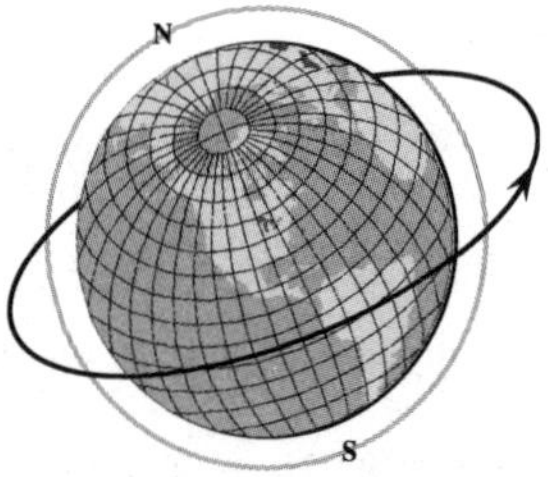

招募朋友来帮忙

保罗的网上生意越来越兴隆，他从来没有像现在这样高兴和满足过。

但他那些在西斯坦国际公司的老同事却不一样。公司把越来越多的业务转移到了网上，保罗原来的部门人员被裁减了。

由于布鲁斯的薪水最高，所以他成了第一个被炒鱿鱼的人。保罗痛心地看到他的老朋友向别人乞求工作机会，介绍那些过时的电脑知识。于是保罗找到了布鲁斯。

“布鲁斯，我需要你的帮助。”

布鲁斯挺起他那酸痛的肩膀，无神的眼睛眯成了一条缝，声音沙哑地说：“别挖苦我了。”

“我不是来向你炫耀的，”保罗说，“我想告诉你一个伟大的生意机会。我花了两年时间建成互联网管道，赚到了能够让我辞去西斯坦工作的收入。从那以后，我学到了很多的东西。我知道如何建造终极管道，如何与人交流，如何建立团队，如何通过提高他人的素质来拓展生意。我学到了一个被证实有效的系统方法，它使我和我的合作伙伴有能力去建造一条又一条的终极管道。”

管道建造系统

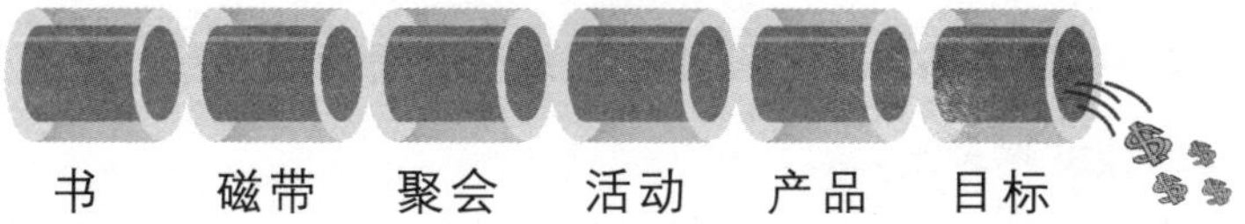

“我需要建造管道的合作伙伴，”保罗继续说，“我要把我所知道的建造互联网管道的知识都教给你，不收你一分钱。”

“我需要的回报就是你学会这个系统，并教会其他人，再让这些人去教会其他人，直到北美洲的每个城市里都遍布终极管道，并最终在全球每个城市里的每一个家庭都有终极管道。”

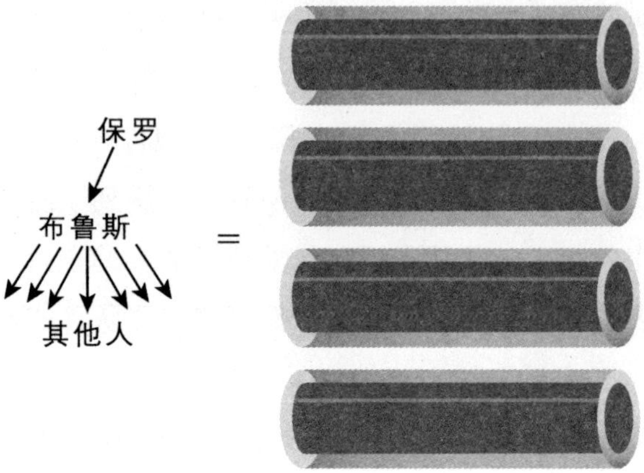

“我们只要赚取利用我们终极管道的每一次销售中的一小部分，就会获得可观的收入。利用我们管道的销售额越大，流进我们口袋的钱就越多。”

“我所建造的这条终极管道不是梦想的结束。相反，它只是开始。”

布鲁斯终于明白了这幅宏伟的蓝图。他笑了，向老朋友伸出了他的手。

他们紧紧地握住对方的手，然后像失散了多年的老朋友那样拥抱在一起。

回报恩泽

许多年过去了，保罗和布鲁斯已经退休多年。但他们所建造的遍布全球的互联网管道生意，每年还是会把几百万的收入汇进他们的银行账户里。

两位老朋友常一起去世界各地旅行。

一天，布鲁斯邀请保罗共进午餐，他有一些令人兴奋的消息要分享。

“保罗，许多年前你给了我一份非常特别的礼物，与我分享网上的生意。这份礼物改变了我的一生。

“多年来我一直绞尽脑汁想报答你，这是我今天邀请你来这里的原因。

“这是我给你的礼物。”

布鲁斯将一个信封递给保罗，里面是两张到意大利的头等舱机票。

两张到意大利的机票

“你不必……”保罗说，但布鲁斯打断了他。

“让我先说，”布鲁斯说，“从小父母就说我们是意大利的移民。在互联网的帮助下，我终于追寻到我们家族的根，找到了现在还住在意大利中部一个小村子里的两个堂兄弟。”

“保罗，这是我送给你的礼物，”布鲁斯继续说，“我们要回到那个小村子里去。我们要走到那个小镇的广场上，我们的祖先及其他村民曾在那里汲水。我们要跪下来，感谢我们的祖辈和上帝，是他们保佑我们建造了一条管道，让我们获得了幸福的生活。”

走了一个循环

保罗呆呆地、静静地看着他的好朋友，然后他伸出手，紧紧握住布鲁斯的手，说：

“我只有一个要求，你能否将启程的时间从下个星期改成明天？”

两个星期之后。

罗马机场里人来人往。

保罗和布鲁斯在意大利度过两个星期愉快的假期之后，要回美国了。他们流连在他们祖辈曾走过的大街，还拜访了很多长久不曾联系的亲戚。

这是他们一生中最难忘的一次旅程。两个人都感到这次旅行为自己带来了焕然一新的感受。

现在，他们正肩并肩地坐在候机大厅里，读着相同的一本书。时不时地，其中一人还会靠向另一位，把书中的某段话指给他看。

“噢，不！——别再这样了！”过道对面有个男人大声叫道，“我的航班又被取消了！我永远都离不开这里了！”

“这也是我们的航班，”保罗指着他们上面的显示屏说，“取消了，现在怎么办？”

保罗看着他的老朋友，布鲁斯也看着他。两人相视而笑。

“你想的，是不是跟我一样？”他们笑着，异口同声地对对方说。

“看来我们要在这里再留一个星期！”两人不约而同地从坐位上跳起来，互相击掌。

那个坐在过道对面的男人盯着他俩，好像他们是外星人一样。

“你们在高兴什么？”他觉得不可思议，“我已经被困在这里两天了。我连续两年错过了我女儿的生日。从上个月开始，我到过许多不同的时区，弄得我都已经不知道今天是星期几了。更糟糕的是，我完成不了今年的定额，因为我的客户变得很贪心，不愿意签合同，不肯跟我们合作了。”

“很遗憾，”布鲁斯说，“我们深表同情。以前，我们的反应也和你一样，保罗，对吗？”

“不错，”保罗说，“这一切我们都经历过。这是建造管道前的事情，对吧，布鲁斯？”

“你是什么意思？建造管道前？”这个忧心忡忡的男人说，“那到底是什么？”

“我们非常乐意告诉你，”保罗高兴地说，“但我和我的朋友要赶着去租车柜台。请给我一张你的名片，回到美国之后，我们会打电话给你的。”

这个人递给保罗一张名片。作为交换，保罗把一本书递给了他。

“等飞机的时候读读这本书吧，”保罗说，“当我打电话给你时，这本书会让我们之间有一些话题的。”

保罗拍拍布鲁斯的背，带着他向租车柜台走去。他看了一眼这个陌生人的名片：

鲍勃·布鲁诺先生

职业律师

1－800－起诉他们

“鲍勃·布鲁诺，律师，”保罗说，“我认为布鲁诺先生会乐意接受建造管道的建议，你说呢？”

“布鲁诺，布鲁诺。”布鲁斯慢慢地念着这个名字，“这个名字听起来非常熟悉。”

“不知道为什么，布鲁斯，我对这位布鲁诺感觉不错。”保罗说，“感觉跟当年你加入我的生意时一样。我相信我们的新朋友布鲁诺会是一个不错的管道建造者。”

保罗和布鲁斯回头望了一眼他们的新朋友。

忧心忡忡的律师把书放在了膝盖上，饶有兴趣地看着封面并轻轻地念着书的名字。

然后，像一个老人正在轻轻地打开一份自己最喜爱的孙子送给他的礼物那样，布鲁诺打开了这本书——《管道的故事》，然后他开始读了……